D1726564

Claudia Sticher

Wasser

Symbol des Lebens und des Glaubens

Mit einem Beitrag von
Norbert Lohfink

kbw bibelwerk

Dr. theol. Claudia Sticher, geb. 1971, Pastoralreferentin des Bistums Mainz, war mehrere Jahre für die Revision der Einheitsübersetzung der Heiligen Schrift in der Arbeitsstelle »Bücher der Kirche« der Deutschen Bischofskonferenz in Bonn tätig; seit 2009 ist sie Persönliche Referentin von Kardinal Lehmann; Lehrbeauftragte für Alttestamentliche Exegese.

© 2014 Verlag Katholisches Bibelwerk, Stuttgart
Alle Rechte vorbehalten

Für die Texte der Einheitsübersetzung der Heiligen Schrift:
© 1980 Katholische Bibelanstalt, Stuttgart

Umschlaggestaltung: Finken & Bumiller, Stuttgart
Umschlagmotiv: © Photocase.com / felix-g
Satz: Barbara Herrmann, Freiburg
Herstellung: finidr s.r.o., Český Těšín
Printed in the Czech Republic

www.bibelwerk-impuls.de

ISBN 978-3-460-27174-6

Inhaltsverzeichnis

Bitte

Wir werden eingetaucht
und mit den Wassern der Sintflut gewaschen,
wir werden durchnäßt
bis auf die Herzhaut.

Der Wunsch nach der Landschaft
diesseits der Tränengrenze
taugt nicht,
der Wunsch, den Blütenfrühling zu halten,
der Wunsch, verschont zu bleiben,
taugt nicht.

Es taugt die Bitte,
daß bei Sonnenaufgang die Taube
den Zweig vom Ölbaum bringe.
Daß die Frucht so bunt wie die Blüte sei,
daß noch die Blätter der Rose am Boden
eine leuchtende Krone bilden.

Und daß wir aus der Flut,
daß wir aus der Löwengrube und dem feurigen Ofen
immer versehrter und immer heiler
stets von neuem
zu uns selbst
entlassen werden.

Hilde Domin[1]

---

[1] Hilde Domin, Bitte. Aus: Dies., Gesammelte Gedichte
© S. Fischer Verlag GmbH, Frankfurt am Main 1987.

Norbert Lohfink

Das Wasser und die Taufe[2]

Die drei wichtigsten Symbole beim alten christlichen Taufritus sind Wasser, Öl und Licht. Am wichtigsten ist das Symbol des Wassers.

Ein Mensch steigt ins Wasser, bis es über ihm zusammenschlägt. Dann steigt er wieder aus dem Wasser empor und tritt auf die feste Erde. Das ist die ursprünglichste Form der Taufe. Auch wenn heute der Priester dem Täufling meist nur noch das Wasser aus einem Kännchen über den Kopf gießt, versinnbildlicht das ein solches Untertauchen und Wiederauftauchen.

»Taufen« hängt mit dem Wort »tief« zusammen: Ein Mensch geht in die dunkle Wassertiefe ein und steigt aus ihr wieder empor.

Warum haben die frühen Christen gerade dieses Symbol gewählt, um auszudrücken, dass

---

[2] Vom Verfasser freundlich zur Verfügung gestellte gekürzte Neufassung von Norbert Lohfink, Wasser, Öl und Licht – Symbole der christlichen Taufe, in: Georg Braulik / Norbert Lohfink, Liturgie und Bibel. Gesammelte Aufsätze, Frankfurt/M. 2005, S. 403–406.

ein Mensch die Zusammenhänge, in denen er bisher gelebt hat, verlässt und sich der Kirche anschließt?

Es waren die Jünger Jesu, die nach Jesu Auferstehung die Wassertaufe als Zeichen des Eintritts in die christliche Gemeinde wählten. Zweifellos griffen sie auf die Taufe des Johannes zurück. Johannes war überzeugt, dass nicht nur die anderen Völker, sondern auch Israel vor Gott am Ende war. Nur eines war zu erwarten: Gottes Gericht, der apokalyptische Feuersturm. Bald würde der Menschensohn auftreten. Er würde Israel in »Sturm und Feuer taufen«. Würde es eine Rettung aus diesem Feuer geben? Johannes sagte: Bekehrt euch und lasst euch von mir im Wasser taufen!

Diese Taufe war natürlich eine Symbolhandlung. Sie sicherte dem, der sich bekehrte und sich durch den Gang ins Wasser öffentlich dazu bekannte, von Gott her den Schutz vor dem Feuer des Gerichtes zu. Denn wie kann man sich durch rasendes Feuer hindurch retten? Vielleicht kommt man durch eine lodernde Flammenwand hindurch, wenn man vorher ins Wasser springt, dadurch ganz nass ist und sich dann durch die Flammen wagt. Wer auf die Predigt des Johannes hin zur Umkehr kam, dem versprach Johannes also im Symbol des Untertauchens im Wasser die Rettung aus dem kommenden Feuer.

Jesus hatte anfangs genau so getauft wie Johannes. Vermutlich hatte er zunächst auch die gleiche Botschaft. Dann hat er aber eines Tages zu taufen aufgehört. Er hatte eine neue Botschaft, seine Botschaft. Ihm war klar geworden: Kein Feuer würde kommen. Gott würde vielmehr durch ihn, Jesus, jetzt, ohne Rücksicht auf die Sünden und ohne mit einer vorherigen Bekehrung auch nur einiger in Israel zu rechnen, aus reiner Gnade allen die längst verspielte Gottesherrschaft von Neuem anbieten. Kein schützendes Untertauchen in einem Wasser der Taufe war mehr nötig. Dies war Gottes unerhörtes, endzeitliches Angebot.

Jesus musste erleben: Auch dieses letzte Angebot Gottes wurde nicht angenommen. Die Seinen nahmen ihn nicht auf. Er endete am Kreuz. Doch selbst jetzt nahm Gott dieses Angebot nicht zurück. Es gilt weiter, seit Jesu Auferstehung. Nur hat es jetzt eine neue Gestalt. Das Kreuz ist ihm eingeprägt. Die neue Schöpfung Gottes existiert von jetzt an inmitten der bleibenden alten und dem Gericht verfallenen Welt.

Deshalb aber wird von Neuem die Taufe das angemessene Symbol für den Übergang des Menschen in das neue Sein. Gott hüllt die Glaubenden von Neuem in schützendes Wasser. Sie müssen ja mitten in brennendem Feuer leben. Die neue Gesellschaft Gottes existiert inmitten der alten Gesellschaften dieser Welt. In ihnen lodert das Feuer des Gerichtes einfach schon dadurch, dass nicht an Jesus geglaubt wird und so alles im alten Elend bleibt. Das Wasser der Taufe ist wie der taufeuchte Wind, der nach dem Buch Daniel die drei Jünglinge im Feuerofen Nebukadnezzars vor den Flammen bewahrte, in deren Mitte sie standen.

Das dürfte zumindest damals die Symbolik der Taufe gewesen sein, als die Jünger Jesu sie wieder aufgriffen. Bald haben sich dann aus den Schriften Israels neue Sinndimensionen angelagert. Die Bildwelt der Rettung kann sich im Zusammenhang mit dem Wasser nämlich auch umgekehrt entfalten. Dann stellt das Wasser die Todeswirklichkeit dar, in der man schon untergeht und aus der man herausgezogen werden muss.

Das Bild des Wassers, das dem vom Tod Bedrohten langsam bis zum Halse steigt, zieht sich durch Israels Klagepsalmen. Das Wasser ist in ihnen der Tod, die Krankheit, die Bedrängnis durch Feinde, das gesellschaftliche Chaos. Im ganzen Alten Orient kennt man das Bild des

göttlichen Drachentöters. Der Drache ist das tier-
gewordene Wasser des Chaos, das alles ins Form-
lose hinein verschlingen will. Er ist das die
Geschöpfe ansaugende Nichts. Der Drachentöter
ist der Schöpfergott. Er hält die Schöpfung im
Sein, indem er die Wasser spaltet. Dann steigt
das trockene Land immer neu als Ort des Lebens
aus der Flut empor. Diese Bildchiffre steht mitten
im Zentrum des Glaubens Israels durch die
Erzählung von der Rettung am Roten Meer.
Israel wird durch die Wasser des Todes hindurch-
geführt, während die Ägypter in ihnen versinken.

In geschichtliche Sprache übersetzt: Beim
Auszug aus Ägypten werden die Opfer einer
unmenschlichen Gesellschaft aus der Unterdrü-
ckung befreit. Eine neue, von Gott am Sinai
gestiftete Gesellschaft, in der es keine Armen
und keine Krankheiten Ägyptens mehr geben
wird, tritt ins Dasein. Das Fest, in dem Israel dieser Befreiung Jahr für Jahr gedenkt, ist Ostern.
Am Ostertag wiederum wird später Jesus getötet
und aus den Toten erweckt. Sein Tod ist wie das
Zusammenschlagen der Wasser über dem Haupt,
und seine Auferweckung ist wie das Herausgezo-
genwerden aus dem Wasser.

Wir alle bekommen Anteil daran. Der Taufritus konnte deshalb im Zusammenhang mit dem

alttestamentlichen Verständnis des Osterfestes unmittelbar das Hineingegebenwerden der Täuflinge in Jesu Tod und Auferstehung anzeigen. Darum ist auch die Osternacht zum eigentlichen Tauftermin geworden.

Wie sehr die Erzählung von der Rettung am Roten Meer im Alten Israel gesellschaftlich verstanden worden ist, zeigt das Siegeslied Moses, das der Erzählung in Exodus 15 beigegeben ist. In ihm wird das Wunder besungen. Doch nur die erste Hälfte des Lieds, die Vernichtung der Ägypter, erzählt noch die Ereignisse beim Meerwunder. Der ungefährdete Durchzug Israels durch die Todeswasser wird in der zweiten Hälfte des Lieds sogleich in ein weiteres Bild transponiert: in das des Einzugs Israels in das verheißene Land. Statt der erstarrten Wasserwogen, zwischen denen Israel hindurchzieht, stehen rechts und links von den einwandernden Israeliten die vor Schrecken starrgewordenen feindlichen Völker. Israel zieht mitten durch sie hindurch auf den Zionsberg zu, auf dem Gott die Königsherrschaft über sein neues Volk antreten will. Indem die christliche Taufe mit der Rettung Israels am Roten Meer verknüpft wird, wird sie also zur Hineinführung des Täuflings in ein neues Land menschlicher Möglichkeiten.

Norbert Lohfink

In der späteren Interpretation des Taufritus kamen noch weitere Sinndeutungen hinzu. Auch sie sind schon im Alten Testament grundgelegt, vor allem in den Texten der Propheten: einerseits das Wasser, welches reinigt, andererseits das Wasser, welches fruchtbar und lebendig macht. Am Ende der Zeit wird Gott nach den prophetischen Verheißungen ein Wasser spenden, das sein Volk von all seinen Sünden reinigt. Und am Ende der Zeit wird nach den gleichen Propheten ein Wasserstrom von Jerusalem ausgehen und die Wüste in fruchtbares Land verwandeln. So wird eine neue Schöpfung entstehen. Neue Gesellschaft ist immer auch neue Schöpfung, Wiederkehr der allerersten Schöpfung und ihrer Schönheit. Deshalb greifen auch die Lesungen der altkirchlichen Osternacht so weit aus und setzen schon mit der Schöpfung von Himmel und Erde ein. Mag die Erde dürr geworden sein – wenn die prophetischen Verheißungen in Erfüllung gehen, wird wieder Wasser strömen, das Leben und Wachstum bringt.

Wasser: Leben und Tod

Ohne Wasser gibt es kein menschliches Leben, ohne Wasser verbringen wir keinen einzigen Tag. Ohne Nahrung kann ein Mensch zur Not viele Tage überleben, ohne Wasser aber kaum. Wasser ist deshalb immer schon Inbegriff für das Lebensnotwendige. Aber mehr noch: Wasser reinigt, erquickt, erfrischt und belebt. Wasser ist eines der grundlegenden Elemente; Wasser ist für uns viel mehr als H_2O. Nur durch genügend Wasser kann die Natur gedeihen und Ertrag bringen. Es gibt keinen Menschen, der keine Erfahrungen mit Wasser hat. Unabhängig von Zeit, Kultur oder Herkunft – das Symbol des Wassers spricht für sich, spricht jeden Menschen unmittelbar an. Es gehört zu den Grundsymbolen menschlichen Lebens überhaupt, und es ist ein ganz zentrales Symbol für den christlichen Glauben.

Alles Leben stammt aus dem Wasser, und ohne Wasser gibt es kein Leben. Mögen die klimatischen Bedingungen in verschiedenen Kontinenten und Zeiten sich auch noch so sehr voneinander unterscheiden – diese Grundkonstante durchzieht menschliches Leben ganz fundamental. Die Erde ist überhaupt nur deshalb vom Menschen bewohnbar, weil sich auf ihr Wasser in ausreichender Menge und in flüssigem Zustand findet. Durch Wasser wird das Gedeihen von

Pflanzen, Tieren und Menschen erst ermöglicht. Jedoch haben weltweit bei Weitem nicht alle Menschen einen dauerhaft gesicherten Zugang zu einwandfreiem Trinkwasser, wie die UN-Millenniumskampagne formuliert. Sie mahnt eine Verbesserung dieses Zustands als Aufgabe der Weltgemeinschaft an. Vom Wasser hängt das Leben ganz grundsätzlich ab, was besonders in Mangelzeiten und -gebieten leidvoll erfahren wird.

So verwundert es nicht, wenn dem Wasser in den Religionen der Welt seit frühester Zeit eine wichtige Bedeutung zukommt. Aufgrund seiner Qualität als Lebensspender wird es oft sogar als Sitz der Götter oder Geister verehrt. Zugleich ist seine im Übermaß zerstörerische Kraft ebenso präsent in der Furcht vor Fluten und Überschwemmungen. In der frühen Hochkultur Ägyptens hing das Gedeihen des ganzen Landes in hohem Maß von der Überschwemmung des Nil ab. Fiel diese zu gering aus, so trug der Fluss nicht genug fruchtbaren Boden auf die Ackerflächen. Stieg die Flut hingegen zu hoch und bedrohlich an, so konnte der Lebensspender der Todbringer sein.

Der Zusammenhang von Schöpfung und Flut, also der elementaren Gefährdung eines

Lebensraums durch Wasser, ist dabei nicht auf den Kulturraum Ägyptens begrenzt. Er gehört ebenso ursprünglich wie die Grundsymbolik des Lebenselixiers in den Deutungsrahmen des Wassers.

Vom Wasser kann Heilung ausgehen. Insbesondere Quellen, also Wasserstellen, die noch unberührt von Mensch und Tier sind und daher als besonders rein angesehen werden, aber auch Seen, Teichen und Flussläufen wird Heilkraft zugeschrieben. In ihnen wird die lebenspendende Macht des Wassers erfahren. Die gleichen Orte können – in anderen Kontexten – aber auch als Sitz von Wassergeistern und anderen schädlichen Gottheiten gefürchtet und gemieden werden. Das Wasser selbst wird als dämonische Kraft erfahren, die mithilfe bestimmter Riten besänftigt werden muss.

Wasser bringt Leben und Tod: Diese Ambivalenz durchzieht den Umgang des Menschen mit diesem Element. Die Religionsgeschichte der Völker ist voll von Urzeitmythen, die von der Kraft des Wassers und seiner Herkunft als Urelement handeln.

Wasser und seine Bedeutung in Israel

Aufgrund der geografischen Gegebenheiten sowie im religiösen Zeichensystem spielt das Bild des Wassers für die Geschichte des biblischen Israel eine nicht zu unterschätzende Rolle.

Obwohl Israel-Palästina ein eher kleines Gebiet umfasst, lassen sich vier geografisch unterschiedene Regionen ausmachen: Die Mittelmeerküste, die Hügellandschaft im Zentrum, das Jordantal und die Negev-Wüste. Israels Gebiet wird klimatisch dem subtropischen Bereich zugerechnet. Man unterschied im Alten Israel nur zwei Jahreszeiten: Sommer und Winter. Mit den Frühregen, die etwa Ende Oktober einsetzen, begann die Kälteperiode des Winters, die sich bis zu den Spätregen im April erstreckte. In den Sommermonaten, die heiß und trocken waren und sind, reiften die agrarischen Produkte zur Ernte. Die Niederschläge in Israel sind stets von großer Bedeutung gewesen, um das Gedeihen von Feldfrüchten und Tieren sicherzustellen. Denn nur wenige Flüsse durchziehen das Land, die bei Weitem nicht genug Wasser führen, um die Ackerflächen ausreichend zu bewässern, was die Abhängigkeit vom Regen verstärkt. Wasser wurde daher stets als Gabe und als Segen angesehen – ohne seine zerstörerische Kraft zu leugnen.

Die tägliche Wasserversorgung stellte im Alten Israel ein fundamentales Problem dar. Der Jordan, der einzige nennenswerte Fluss Palästinas, ist eher schmal und führt keine großen Wassermassen. Die wenigen Bäche haben jeweils nur lokale Bedeutung, etwa der Kischon in der Jesreel-Ebene.

Trinkwasser kam aus Quellen, Brunnen und Zisternen, die Menschen mussten es mit den Viehherden teilen. Der Ackerbau hing fast vollständig von Regenfällen ab. Flüsse, Bäche und Seen spielten in der Wasserversorgung nur eine untergeordnete Rolle, vom See Gennesaret einmal abgesehen. Um Felder zu bewässern und so eine gute Ernte zu ermöglichen, wurden die vorhandenen Flussläufe teilweise auch künstlich verlängert, verzweigt oder umgeleitet. Während künstliche Bewässerung mit einem ganzen System von Kanälen und Gräben für die Landwirtschaft Ägyptens und Mesopotamiens charakteristisch war, spielten vom Menschen angelegte Gräben und Kanäle in Palästina eine eher untergeordnete Rolle. Das hängt unmittelbar mit dem Fehlen größerer, wasserreicher Flüsse und Seen zusammen, aus denen sich die Kanalsysteme zuverlässig hätten speisen können.

Die Landschaft Palästinas ist durchzogen von zahlreichen Quellen unterschiedlicher Ergiebigkeit. Eine Bewässerung von Ackerflächen im großen Stil stellten sie nicht sicher, wohl aber die Trinkwasserversorgung für Mensch und Vieh. Die Siedlungsgeschichte Israel-Palästinas hing wesentlich vom Vorhandensein ergiebiger Quellen ab; nur dort entstanden Ortschaften größeren Umfangs. Zusätzlich wurden Brunnen, also Schächte, die ins Grundwasser hinabreichen, gegraben, um die Wasserversorgung sicherzustellen. Streitigkeiten um Brunnen und Wasserrechte, die sich häufig in biblischen Erzählungen niederschlagen, erklären sich aus der völligen Abhängigkeit der Menschen und ihres Viehs von den jeweiligen Wasserstellen.

Während Quellen und Brunnen frisches, fließendes, also »lebendiges Wasser« liefern, sichern Zisternen – große Wasserspeicher – die Wasservorräte in Hohlräumen, die zu diesem Zweck eigens gegraben oder wenigstens abgedichtet wurden. Im Unterschied zum lebendigen Wasser der Quellen wurde das abgestandene Wasser der Regenspeicher weniger geschätzt, war jedoch nicht minder überlebensnotwendig.

Wasser wird nicht nur getrunken und zur Zubereitung von Nahrung benötigt, sondern dient auch der Sauberkeit und der Körperpflege. Nicht anders als mit Wasser kann der menschliche Körper gründlich gereinigt werden.

So wie der Mensch sich mit Wasser von äußerem Schmutz und Verunreinigungen säubert, so muss er auch Sorge für seine innere Reinheit tragen. Wie der Körper durch Schmutz beeinträchtigt wird, so können Verfehlungen und Vergehen – absichtliche wie unabsichtliche, je nach Religion unterschiedlich – innere Befleckung nach sich ziehen. Reinigung tut – innerlich wie äußerlich – not. Zahlreiche Riten unterschiedlicher Religionen schreiben Waschungen vor, wobei das Wasser der Wiederherstellung der rituellen Reinheit dient. In einer solchen Symbolhandlung beseitigt die rituelle Waschung die innere Unreinheit und versetzt den Menschen in die Lage, (wieder) am Kult teilzunehmen.

Die häufigste Form sind Bäder oder einfaches Übergießen mit Wasser. Bis heute ist im Islam die Waschung vor dem rituellen Gebet verpflichtend, in der katholischen Messfeier die Handwaschung des Priesters bei der Gabenbereitung vorgeschrieben. In angedeuteter Form ist jede Besprengung mit Weihwasser letztlich eine rituelle Waschung. Wer eine Kirche betritt und am Eingang seine Hand in den Weihwasserkessel taucht, um sich dann zu bekreuzigen, der vollzieht in dieser Kurzform einer Tauferinnerung zugleich eine rituelle Waschung im Kleinen. Völlig säkular, teilweise aber nicht weniger rituell, ist beim morgendlichen Zurechtmachen das Betupfen mit einigen Tröpfchen Parfüm oder Rasierwasser als letzter »Ritus« vor dem Aufbruch in den neuen Tag – ein Nachhall ursprünglich religiöser Riten?

Wasser in der Heiligen Schrift

Schöpfung und Sintflut

Bereits in den ersten Versen der Bibel begegnet das Wasser. Der feierliche Anfang des Schöpfungsberichts, mit dessen Worten die Bibel insgesamt eröffnet wird, besingt in getragener rhythmischer Sprache die Schöpfung:

> *Im Anfang schuf Gott Himmel und Erde; die Erde aber war wüst und wirr, Finsternis lag über der Urflut, und Gottes Geist schwebte über dem Wasser.* (Gen 1,1f)

Wasser gehört also zu den Grundgegebenheiten der Schöpfung überhaupt. Urflut und Wasser – ob es nun zwei voneinander unterschiedene Größen sind oder, unwahrscheinlicher, zwei Bezeichnungen für ein und dasselbe Element – sind dem Schöpfungstun schon voraus.

Im Glaubensbekenntnis, das alle christlichen Konfessionen vereint, wird Gott als der bekannt, der alles geschaffen hat, Himmel und Erde, die sichtbare und die unsichtbare Welt. Die Theologie entwickelte daraus den Begriff der »Schöpfung aus dem Nichts«, der *creatio ex nihilo*. Wer mit diesem Denkmuster vertraut ist, dem legt der Schöpfungsbericht in Genesis 1 einige Stolpersteine in den Weg: Hier besteht die Schöpfungstat darin, dass Gott das Chaos ordnet. Die Schöpfung »aus Nichts« ist keine altorientalische oder israelitische Vorstellung. Unterschiedliche Bildwelten bzw. Herangehensweisen verschiedener Zeiten und Kulturen treffen hier aufeinander. Wenn die Schrift sich dem Geheimnis Gottes dadurch annähert, dass sie Geschichten erzählt, also narrative Theologie betreibt, dann ist dies kein Mangel. Jedes Reden über Gott ist notwendigerweise metaphorisch, bedient sich sprachlicher Bilder. Gott lässt sich nicht de-finieren, wörtlich: in Grenzen fassen, sondern sprengt diese stets noch einmal. Genau wie die nachher geschilderten Einzelakte des schaffenden Gottes ja nur Metaphern – Bildworte – aus dem Erfahrungsbereich menschlichen Produzierens sind, so ist es auch mit der Tatsache, dass man nur produzieren kann, wenn vorgegebene Materie da ist, die man bearbeitet und damit zu etwas Neuem weiterentwickelt.

Die Schöpfungsdarstellungen müssen in diesem Sinne grundsätzlich metaphorisch sein, weil wir uns keine Produktion ohne vorgegebenes Material vorstellen können. Man kann nicht das Acht-Werke-Schema als metaphorisch betrachten und dagegen im gleichen Text die Vorstellung von Material und dessen Verarbeitung als quasi-historische Gegebenheit. Weder das Acht-Werke-Schema noch die Vorstellung von Material und dessen Verarbeitung sind historische Gegebenheiten. Sie dürfen auch nicht in eine historische Abfolge der Evolution umgedeutet werden, sondern man muss den Bildcharakter beachten.

Nur in diesem grundlegend bildlichen Sinne erzählen die Schöpfungsgeschichten einen Zustand »vor« der Schöpfung, um dann als Kontrast die Welt als gute Schöpfung Gottes bezeichnen zu können. Diese Aussage wollen nicht historisch-naturgeschichtlich verstanden werden. Die denkerische Durchdringung galt also den Gegensätzen »Chaos – Kosmos« bzw. »Tod – Leben«, nicht dem Gegensatz zwischen »nichts – etwas«. Vier »Elemente« finden sich vor Gottes wirkmächtigem Wort bereits vor: die wirre Erde, die bedrohliche Finsternis, das Urmeer und die Wasser.

Mit seinem Schöpfungshandeln setzt Gott einen Neubeginn: Die von ihm gesetzte Ordnung verdrängt und gestaltet das Chaos. Insbesondere dämmt sie die Chaoswasser ein. Grundlegend Neues tritt hinzu, denn Gott schafft Leben – erst pflanzliches, dann tierisches, schließlich, deutlich als Höhepunkt der Erzählung markiert, menschliches. Mit dem Menschen kommt eine neue Qualität in die Welt hinein, denn der Mensch kann die gottgewollte Ordnung genauso wahren wie zerstören. Die Freiheitsgeschichte des Menschen nimmt hier ihren Anfang.

Menschliches Leben ist ohne Wasser nicht vorstellbar, es war schon vor der Schöpfung – dieses Fazit lässt sich aus der Betrachtung des Schöpfungsberichtes in Gen 1 gewinnen. Doch auch die Erzählung der Erschaffung des Menschen, die sich unmittelbar in Gen 2,4b–25 anschließt, kommt nicht ohne wichtige Hinweise auf das Wasser aus. Noch bevor Gott den Regen auf die Erde schickt, um Feldsträucher und Feldpflanzen wachsen zu lassen, steigt Feuchtigkeit aus der Erde auf und tränkt den Ackerboden (Gen 2,6). In Eden, im Osten, legt Gott einen Garten an, den er dem Menschen zuweist. Zu einem wahrhaft paradiesischen Garten gehört natürlich eines: ausreichend Wasser, um üppiges Grünen und Blühen zu ermöglichen. So versteht es sich fast aus sich heraus, dass der Paradiesgarten mit einer Wasserquelle gesegnet ist. In Eden entspringt ein Strom, der den Garten bewässert, er teilt sich dort in vier Flüsse. Der mächtige Strom des Paradieses ist zugleich der Ursprung der vier Weltströme. Die Bibel zählt deren Namen auf: Eufrat und Tigris sind wohlbekannt, Pischon und Gihon bleiben rätselhaft.

Lange allerdings darf der Mensch im Garten des Paradieses nicht verweilen. Durch seine Eigenmächtigkeit und die grundlegende Anmaßung, sein zu wollen wie Gott und Grenzen, die ihm gesetzt sind, nicht zu achten, verliert er seinen Lebensraum. Der Mensch vor und nach der Vertreibung aus dem Paradies – das macht für die Wasserversorgung einen ganz entscheidenden Unterschied: Während im Garten die Bewässerung durch eine immersprudelnde Quelle gewährleistet ist (Gen 2,6), entzieht sich der Regen außerhalb des Gartens jeder Verfügung oder Planbarkeit (Gen 2,5). Der Ertrag an Früchten und Pflanzen aller Art ist damit gefährdet. Nach der Vertreibung aus dem Garten Eden muss der Mensch mit mehreren Minderungen seines Lebens zurechtkommen – die Verfluchung des Ackerbodens durch Gott (Gen 3,17) ist eine davon. Schon im Garten hatte der Mensch gearbeitet, ihn bebaut und gehütet. Der Garten

Eden ist kein Schlaraffenland, in dem jedem Faulenzer die gebratenen Tauben in den Mund fliegen würden, nein. (Das Bild der gebratenen Tauben ist übrigens noch unter einer anderen Hinsicht falsch, lebt der Mensch doch im Garten Eden im Zustand vor dem »Sündenfall« von rein pflanzlicher Nahrung, erst nach der Sintflut und dem Noachbund wird der Gewalt, die auch das Töten von Tieren beinhaltet, ein Platz im Alltäglichen eingeräumt.) Zu arbeiten gehört zur menschlichen Bestimmung, doch die Mühsal, der »Schweiß des Angesichts«, das ist eine Folge der Übertretung der göttlichen Weisung.

Das Bild des Wassers lässt sich durch die Schrift hindurch verfolgen. Nachdem Israel in seinem Schöpfungsglauben beschrieben hat, wie die Schöpfung durch ein Ordnen der Chaoswasser vonstatten geht, nimmt die Urgeschichte ihren Lauf. Die mythischen Urzeiterzählungen von Adam und Eva, Kain und Abel bis hin zum Turmbau zu Babel reihen sich aneinander. In der Menschenschöpfungserzählung, also der Geschichte von Adam und Eva, taucht wie oben schon erwähnt ganz unvermutet ein Strom auf, der sehr ausführlich beschrieben wird:

Ein Strom entspringt in Eden, der den Garten bewässert; dort teilt er sich und wird zu vier Hauptflüssen. Der eine heißt Pischon; er ist es, der das ganze Land Hawila umfließt, wo es Gold gibt. Das Gold jenes Landes ist gut; dort gibt es auch Bdelliumharz und Karneolsteine. Der zweite Strom heißt Gihon; er ist es, der das ganze Land Kusch umfließt. Der dritte Strom heißt Tigris; er ist es, der östlich an Assur vorbeifließt. Der vierte Strom ist der Eufrat. (Gen 2,10–14)

Diese Verse stehen etwas unverbunden in der Erzählung da, und der Leser weiß zunächst nichts Rechtes mit dieser Information anzufangen, denn vorher und nachher geht es um die Erschaffung des Menschen, der in den Garten Eden gesetzt wird. Im Weiterlesen werden die Flüsse ihm dann wieder begegnen. Mit der kleinen Geografie des Paradieses wird eine Verbindung zu anderen markanten Stellen innerhalb der Heiligen Schrift gezogen. Denn deutlich später innerhalb des Kanons, in Psalmen und Propheten, wird sich die Wassermotivik der Jerusalemer Tradition wiederfinden: In drei Psalmen (Ps 36,9; Ps 46,5; Ps 65,10) und beim Propheten Ezechiel, der die Tempelquelle des Jerusalemer Tempels beschreibt (Ez 47). Dort wird das Motiv von Gen 2,10–14 wieder aufgenommen.

Hier also, in der Menschenschöpfungserzählung, werden die Ströme nur erwähnt, eine gewisse Spannung wird aufgebaut; auf die Einlösung muss der Leser noch lange warten. Denn der Faden der Geschlechterfolgen nach Adam und Eva wird zunächst einfach weitergesponnen, bis nur wenig später Wasser wiederum eine ganz entscheidende Rolle spielt: in der Erzählung von der großen Flut. Die Reihe der Namen der Nachkommen Kains bzw. Adams eröffnet einen Horizont, in dem sich die Geschichte Gottes mit diesen Menschen und Sippen einschreiben kann. Zukunftserwartung wird geweckt und aufgebaut. Doch dann schlägt die Stimmung jäh um:

Der Herr sah, dass auf der Erde die Schlechtigkeit des Menschen zunahm und dass alles Sinnen und Trachten seines Herzens immer nur böse war. Da reute es den Herrn, auf der Erde den Menschen gemacht zu haben, und es tat seinem Herzen weh. Der Herr sagte: Ich will den Menschen, den ich erschaffen habe, vom Erdboden vertilgen, mit ihm auch das Vieh, die Kriechtiere und die Vögel des

Wasser in der Heiligen Schrift

Himmels, denn es reut mich, sie gemacht zu haben. (Gen 6,5ff)

Hier erschrickt der Leser: Soll das schon alles gewesen sein? Soll die ganze Schöpfung wieder ausgelöscht werden? Warum dann dieser große Auftakt und die minutiöse Aufzählung all der Nachkommenschaft, die nach Adam und Eva geboren wurde? Muss und kann Gott, der Schöpfer selbst, wirklich bereuen, was er geschaffen hat? Doch halt, ein Hoffnungsschimmer bleibt:

Nur Noach fand Gnade in den Augen des Herrn. (Gen 6,8)

Dann folgt die wohlbekannte Geschichte vom Bau der Arche und der Rettung des Noach mit seiner Familie und den Tieren, die bei ihnen waren. In dieser Erzählung geht es um die massive vernichtende Kraft des Wassers: Durch das Wasser kommen alle Lebewesen um, die sich nicht auf die Arche retten konnten.

Von einer alles Leben bedrohenden großen Flut – einer Sintflut – erzählen verschiedene Kulturen auf allen Kontinenten dieser Erde zu unterschiedlichen Zeiten. Die Sintfluterzählung ist nichts, was erst durch die Heilige Schrift Israels in die Welt gekommen wäre. Vielmehr lassen sich auch Anklänge an Sintflut-Erzählungen aus dem Zweistromland Mesopotamien deutlich nachweisen, die bis ins zweite Jahrtausend vor Christus zurückreichen. Am bekanntesten ist vermutlich das Gilgamesch-Epos, von dem einzelne Motive in die biblische Erzählung Eingang gefunden haben.

Schöpfung und Sintflut sind zwei Seiten einer Medaille: Schöpfung verdankt sich ganz und gar und besteht nicht aus sich selbst. Deshalb ist und bleibt sie gefährdet bis hin zur vollständigen Vernichtung.

In seinen Psalmen besingt Israel den Schöpfer dafür, den Wassern eine Grenze gesetzt zu haben, die sie nicht überschreiten dürfen (Ps 104). Dieser Schöpfungshymnus folgt keinesfalls zufällig in der Liturgie der katholischen Osternacht auf die Lesung der Schöpfungserzählung Genesis 1. Hier wie dort schwingt die Gefahr des Wassers, das alles Leben auszulöschen vermag, als Unterton mit.
Staunenswert sind die Werke des Herrn.
Auch wenn unsere Zeiten den Naturgewalten nicht mehr so unmittelbar ausgesetzt sind wie Menschen in antiken Gesellschaften, so sind doch Bilder von Jahrhundertüberflutungen in das kollektive

Gedächtnis auch unserer Jahrzehnte eingegraben.
Die Zerstörung nahm unvorstellbare Ausmaße an,
Menschen kamen ums Leben. Wasser bringt nicht
nur Leben, es reißt auch in den Tod – selten war
diese Erfahrung so nah und so bitter wie nach dem
gigantischen Tsunami von 2004 oder der Hoch-
wasserkatastrophe des Frühjahrs 2013.

Die nahezu weltweite Verbreitung der Sintflut-erzählung macht deutlich, dass hier etwas für die Menschheit Grundlegendes ausgesagt ist: Seit den frühesten Stadien der Menschheitsgeschichte, die uns durch Zeugnisse zugänglich sind, weiß der Mensch sich nicht nur in seiner einzelnen persön-lichen Existenz oder der seines Stammes bzw. sei-ner Familie oder seines Clans gefährdet, sondern auch als Mitglied der einen und einzigen Mensch-heitsfamilie. Das Wissen um die Gefährdung der Menschheit als ganzer ist die »Rückseite« des Wissens um die Schöpfung, verhält sich dazu komplementär – der Schöpfer kann seine Schöp-fung zurücknehmen. Einen Widerhall findet die Botschaft in der Apokalyptik und ihren Bildern mächtiger und großer weltumspannender Kata-strophen.

In der Bibel ist die Sintflut eine Konsequenz aus dem Fehlverhalten der Menschen: »Der Herr sah, dass auf der Erde die Schlechtigkeit des Menschen zunahm und dass alles Sinnen und Trachten seines Herzens immer nur böse war« (Gen 6,5), so dass Gott bereut – so die anthropomorphe Redeweise –, den Menschen geschaffen zu haben.

Auch wenn der Hang des Menschen zum Bösen nach der Sintflut keineswegs aus der Welt verschwunden ist, so gilt nun die Zusage Gottes, dass er nie wieder alles Leben vernichten wird. Der Schöpfer geht nicht einfach über alles menschliche Fehlverhalten hinweg, und dennoch nimmt er den Menschen ganz grundsätzlich und endgültig an. Seinen Ausdruck findet diese Annahme in der Gestalt des Bundes, den Gott mit den Menschen schließt. Auf diesem Fundament wird das Leben neu ermöglicht und steht fortan unter der Zusage der Erhaltung Gottes.

Mit den beiden Polen von Schöpfung und Flut, dem Garten Eden und der Situation nach dem Verlassen der Arche, sind beide Aspekte des Wassers – lebenspendend und todbringend – umgriffen.

Der antike Mensch erlebte sich den Naturgewalten in einem heute kaum mehr vorstellbaren Maße ausgesetzt. Sowohl im Zuviel des Wassers, der »tosenden Flut«, als auch im Zuwenig, der Dürre, waren tatsächliche Lebensbedrohungen gegeben. Die Frühjahrsregenfälle in Israel konnten und können gewaltige Ausmaße annehmen und eine tatsächliche Bedrohung darstellen. Dennoch spielt in Israel die Angst vor Wassermangel die bei weitem größere Rolle. In dem sehr heißen Klima trocknen die meisten Flüsse bald nach dem Regen wieder aus, führen also nicht das ganze Jahr über Wasser.

Aus dem Wasser der Sintflut heraus wird Noach gerettet, und Gott schließt mit ihm einen Bund. »Rettung aus dem Wasser« wird von da an ein biblisches Leitmotiv werden, das bis hinein in die christliche Osternacht eine ungeheure Nachwirkung entfaltet.

Von Noach zu den Erzeltern

Noach bedeutet Zäsur und Neubeginn der Urgeschichte, die nun der Gefährdung durch die Sintflut zum Trotz weitergeht. Abraham, der Vater des Glaubens, betritt die Bühne. Er stammt vom Ahnherrn Sem ab, dem Erstgeborenen Noachs in langer Geschlechterfolge. Wieder tritt ein Moment der Gefährdung ein, und die Geschichte Gottes mit seinem Volk ist grundsätzlich bedroht, denn der betagte Abraham bleibt kinderlos. Und genau ihm wird Nachkommenschaft so zahlreich wie die Sterne am Himmel und der Sand am Meer verheißen. Mit Isaak, der Sara und ihm im hohen Alter geboren wird, erfüllt sich zumindest der Anfang dieser Verheißung. Isaak wird Vater von Zwillingen, Jakob und Esau, die sich seit Kindertagen unterscheiden und schließlich in offene Feindschaft geraten, als es um das Erstgeburtsrecht geht, das der Jüngere, Jakob, sich mit der tatkräftigen Hilfe seiner Mutter Rebekka erschleicht. Vor der Rache seines Bruders muss er fliehen und viele Gefährdungen überstehen. Im Kampf mit einem, den er nicht überwältigen kann, erringt er den Ehrennamen Israel, »Gottesstreiter«. Die rätselhafte nächtliche Begegnung spielt sich am Jabbok, einem Fluss im Gebirge Gilead, ab.

Der Text vermeidet sorgfältig, auszusprechen, was doch ahnbar ist: Jakob kämpft mit Gott selbst. Als er dies erkennt, kann er den Sieg nicht mehr erringen, doch gewinnt er viel mehr, als zu hoffen war: den Segen und seinen Namen »Israel«, den der, dessen Name nicht ausgesprochen wird, ihm verleiht.

Nicht von ungefähr markieren Flüsse oft Gebiets- und Ländergrenzen. Je nach Tiefe lassen sie sich kaum oder nur schwer durchschreiten. Das andere Ufer ist dementsprechend schwer zu erreichen. In nicht wenigen Städtenamen hat sich die Möglichkeit verewigt, Wasser zu durchschreiten: Frank-furt, Ochsen-furt, Stein-furt, englisch Ox-ford und viele mehr.

Wasser bildet eine Grenze. Das Festland endet, der menschliche Fuß stockt und bleibt stehen. Weitergehen würde den Tod bedeuten. In der Welt der römischen und griechischen Götter setzt ein Fährmann den Verstorbenen über – wehe dem, der den Fährlohn nicht zahlen kann. Der Fährmann bringt von einem Ufer zum anderen. Dort im Jenseitigen kann Neues beginnen. Selbst dort, wo es nicht um das große Jenseits, den Tod geht, kann das Überschreiten oder Durchqueren von Wasser einen tiefen Einschnitt markieren.

Israel nimmt das Gelobte Land erst dann wirklich in Besitz, als es den Jordan überschreitet.

Jakob will den Grenzfluss Jabbok überschreiten und muss sich just in dieser Nacht dem Kampf stellen, der sein Leben verändern wird und aus dem er für sein Leben gezeichnet hervorgehen wird.

Cäsar überschreitet den Rubikon, um ein für allemal festzustellen, dass es kein Zurück mehr gibt.

An einer Grenze zu stehen kommt nicht nur Jakob, der einzelne Mensch, dessen Schicksal sich am Grenzfluss Jabbok entscheidet, sondern auch das Volk Israel, als der Herr es durch die Wassermassen des Roten Meers führte. Jakob, dem Ahnvater, wie auch dem Volk Israel wird im Durchschreiten der Wasser das Leben von Gott geschenkt. Den Tod am Grenzfluss erleidet Mose. Er stirbt, bevor Israel den Jordan überquert und damit einziehen darf in das Gelobte Land. »Über den Jordan gehen« – noch heute als Redensart gebraucht, wenn etwas kaputtgegangen ist, aber auch für einen Menschen, der verstorben ist. Die Israeliten zogen aus der Wüste über den Jordan in das Gelobte Land. Christliche Theologie hat diesen Übergang später symbolisch verstanden und mit dem Eintritt ins Himmelreich gleichgesetzt. Das Himmelreich aber ist Bild auch für das jenseitige Leben, das wir erst nach dem Tod erlangen. Der Weg dorthin führt über die Grenze, den Jordan (Jos 3,14ff).

Aus dem Wasser gezogen: Mose

Jakob-Israel ist Stammvater des Volkes, das er durch seine zwölf Söhne, die Ahnherren Israels, begründet. Sein Sohn Josef schließlich bringt das Volk Israel nach Ägypten. In Ägypten wird das Volk lange nach Josefs Tod unterdrückt und zur Fron gezwungen. Die Maßnahmen zeigen einen gegenteiligen Effekt: Die Israeliten vermehren sich, statt an der harten Arbeit zu zerbrechen. Deshalb erfolgt ein neuerlicher Erlass des Pharao, der besagt, alle Knaben, die den Hebräern geboren werden, in den Nil zu werfen, um sie zu töten. Wiederum ist ein Tiefpunkt erreicht: Geht das Volk in den Wassern des Nil zugrunde?

Die Fluten des Nil – sie nähren Ägypten und sie bedrohen es zugleich, sie geben Leben und sie nehmen es. Gott erwählt seinem Volk einen Retter: Mose. Und so wie die Arche aus dem Wasser der Sintflut gezogen wurde, so wird das verstoßene hebräische Kind von der Tochter des Pharao aus dem Wasser gezogen:

Diese nahm ihn als Sohn an, nannte ihn Mose und sagte: Ich habe ihn aus dem Wasser gezogen. (Ex 2,10)

Die Erzählung von der Geburt und Rettung des Mose trägt sagenhafte Züge. Sie erhebt den Anspruch, real zu sein, indem sie Ort und Zeit der Handlung nennt: am Ufer des Nil zu der Zeit, als Israel in Ägypten war. Geburt, Aussetzung, wunderbare Rettung, Namensgebung und summarische Notiz über die Jugendzeit des Helden sind die inhaltlichen Grundzüge der Rettung des Kindes Mose, die sie mit anderen Heldensagen teilt.

Viele Sagen weisen gemeinsame Motive auf, und auch zur Rettung des Mose gibt es eine enge Parallele aus der altorientalischen Umwelt, die *Kindheitsgeschichte Sargons*. Der legendäre Sargon gilt als Gründer des Reiches von Akkad (ca. 2330–2274 v. Chr.). Von seiner Geburt erzählt ein mesopotamischer Text:[3]

Scharrukin [= Sargon], der mächtige König, der König von Akkad, bin ich.
Meine Mutter war eine Priesterin, meinen Vater kenne ich nicht.
…

---

[3] Carsten Peust / Manfred Dietrich / Karl Hecker, Texte aus der Umwelt des Alten Testaments, Ergänzungslieferung, S. 56. © 2001 Gütersloher Verlagshaus, Gütersloh, in der Verlagsgruppe Random House GmbH.

Meine Stadt ist Azupiranu, die am Ufer des Euphrat liegt.

Es empfing mich meine Mutter, die Priesterin, im Verborgenen gebar sie mich.

Sie legte mich in einen Korb aus Rohr, mit Pech verschloß sie den Deckel über mir.

Sie setzte mich in den Fluß, aus dem ich nicht herauskommen sollte.

Es trug mich der Fluß, zu Akki, dem Wasserschöpfer, brachte er mich.

Akki, der Wasserschöpfer, holte mich beim Heraufkommen seines Schöpfeimers heraus.

Akki, der Wasserschöpfer, zog mich an Sohnes statt groß.

Akki, der Wasserschöpfer, setzte mich in sein Gärtneramt ein.

Wegen meines Gärtneramtes begann Ischtar, mich zu lieben, und so übte ich [5]4 Jahre das Königtum aus.

Vielleicht liegt diesem Motiv der Rettung sogar eine archetypische Struktur zugrunde: Der Retter wird zunächst selbst gerettet, damit er zum Retter anderer werden kann. Mose wurde aus Todesgefahr gerettet und wurde seinerseits zum Retter seines Volkes aus Todesgefahr. Das Motiv spielt noch in der Christologie eine Rolle: Der Todes-

überwinder ist selbst den Tod gestorben. Hinab-
gestiegen in das Reich des Todes hat er die Menschen aus der Macht des Todes befreit.

Mose jedenfalls wird durch die Tochter des
Pharao gerettet und kommt so an den königli-
chen Hof. Seine Verwurzelung in beiden Kulturen – von Geburt ist er ein hebräischer Knabe,
von der Erziehung her ein ägyptischer Höfling –
wird ihn später einerseits innerlich zerreißen,
andererseits gerade in besonderer Weise für seinen Auftrag befähigen.

Die pharaonische Prinzessin nimmt ihn als
Sohn an und nennt ihn Mose, was sie begründet
mit der Wendung »Ich habe ihn aus dem Wasser
gezogen« (Ex 2,10). Diese Erklärung ist nur ver-
ständlich, wenn man die klangliche Ähnlichkeit
der hebräischen Wendung »ich habe ihn [aus
dem Wasser] gezogen« (meschitihu) mit dem
Namen Mose – Mosche – im Ohr hat. Wortan-
klänge und Lautähnlichkeiten sind oft volkstüm-
liche Herleitungen, die sich wissenschaftlich
kaum erhärten lassen, doch haben sie ihre eigene
Plausibilität. Beim Namen Mose dürfte es sich
um ein genuin ägyptisches Wort handeln. Das
allerdings war den Verfassern des Buches Exodus
entweder nicht bewusst oder aber sie hielten es
nicht für bedeutsam.

An keiner Stelle ist die Erzählung der Kindheit des Mose beliebig. Die Schreiber des Buches Exodus spielen beispielsweise ganz bewusst auf die Arche an. Ganz seltene Wörter und markante Formulierungen, die sich in der Sintfluterzählung finden, werden in der Szene des Binsenkörbchens wieder aufgenommen. So wie Noach den Kasten, also die Arche, »mit Pech verstreicht«, tut es die verzagte Mutter des Mose, bevor sie den männlichen und daher todgeweihten Säugling dem Wasser anvertraut. Einem Leser, der kurz zuvor die Geschichte der Flut gelesen oder gehört hat, fällt dieser Bezug auf. Das Binsenkörbchen des Mose ist eine »Arche im Kleinen«. Der Retter Israels kommt also auch aus dem Wasser, so wie das ganze Volk in der Figur des Noach, der die Wasser der Sintflut unbeschadet überstanden hat.

Und jeder weiß, wie die Rettung Israels erfolgen wird: Mose führt Israel durch die Wassermassen, in denen die nachfolgenden Ägypter versinken.

In früheren Jahrhunderten traten Menschen aus Europa die unwägbare Reise übers Meer nach Amerika an, um dort der Sehnsucht nach einem besseren Leben folgen zu können. Wie viele von ihnen dabei den Tod im Wasser fanden, ist kaum auszumalen. Heute sind es die hoffnungslos überladenen und kaum seetüchtigen Boote, mit denen Flüchtlinge vom Mut der Verzweiflung getrieben versuchen, die Grenzen Europas zu erreichen. Wenn die Rettung des Mose aus dem Wasser als Heilstat Gottes durch alle Zeiten liturgisch besungen wird, dann darf es die Feiernden nicht unberührt lassen, welchen Holzkästen, in deren Inneren sich Menschen verbergen, Rettung zuteilwird. Der Besuch von Papst Franziskus auf Lampedusa war ein mächtiges Zeichen gegen die Kultur der Gleichgültigkeit und des Wegsehens angesichts dessen, was an den Grenzen Europas geschieht.

Bis es zum dramatischen Geschehen der Nacht des Auszugs aus Ägypten und der Rettung des Volkes am Roten Meer kommt, sind zahlreiche Etappen eines sich immer stärker zuspitzenden Konflikts zu durchlaufen. Das Volk Israel wird größer und damit für die Ägypter bedrohlicher. Unterdrückungsmaßnahmen setzen ein. Das Volk betet zum Herrn, seinem Gott, und dieser hört das Schreien der Unterdrückten. In Mose erweckt er dem geknechteten Volk einen Retter, der es aus Ägypten führen und ins Land Kanaan geleiten soll. Wie zu erwarten, stößt das auf den – sich ebenfalls steigernden – erbitterten Unmut der Zwingherren, die ihre Fronarbeiter keinesfalls einfach ziehen lassen wollen. Ein Kampf auf Leben und Tod entbrennt. Als die Reihe der Plagen, die Gott nach Ägypten schickt, ihren Höhepunkt erreicht, ist der Zeitpunkt des Auszugs gekommen. Unter Führung des Mose flieht das Volk des Nachts aus Ägypten und erreicht schließlich die Gegend um das Rote Meer. Ist hier der Flucht eine Grenze gesetzt? Werden die Ägypter Israel am Rand des Wassers einholen und zurückbringen oder gar niedermetzeln? Die Erzählung nimmt einen völlig unerwarteten Verlauf:

Mose streckte seine Hand über das Meer aus, und der Herr trieb die ganze Nacht das Meer durch einen starken Ostwind fort. Er ließ das Meer austrocknen, und das Wasser spaltete sich. Die Israeliten zogen auf trockenem Boden ins Meer hinein, während rechts und links von ihnen das Wasser wie eine Mauer stand. ... Mose streckte seine Hand über das Meer, und gegen Morgen flutete das Meer an seinen alten Platz zurück, während die Ägypter auf der Flucht ihm entgegenliefen. So trieb der Herr die Ägypter mitten ins Meer. Das Wasser kehrte zurück und bedeckte Wagen

und Reiter, die ganze Streitmacht des Pharao,
die den Israeliten ins Meer nachgezogen war.
Nicht ein einziger von ihnen blieb übrig. Die
Israeliten aber waren auf trockenem Boden
mitten durch das Meer gezogen, während
rechts und links von ihnen das Wasser wie
eine Mauer stand. So rettete der Herr an
jenem Tag Israel aus der Hand der Ägypter.
(Ex 14,21f.27–30)

So wird Israel durch das Wasser hindurch gerettet. In den hochdramatischen Geschehnissen des Auszugs der Israeliten aus Ägypten wird vor allem ein Herrschaftswechsel gezeichnet: Das Volk Israel verlässt die Herrschaft des ägyptischen Pharao und kommt unter die Herrschaft Gottes; so stehen sich der Gott JHWH und der Pharao als die zwei eigentlichen Kontrahenten gegenüber. Weder geht es um zwei weltliche Herrscher noch um die Götter Ägyptens gegen den einen wahren Gott, sondern um den Gott JHWH hier und den Pharao dort.

Es gibt zwischen Heil und Unheil keinen Kompromiss, von beiden Mächten kann nur eine siegreich hervorgehen aus diesem Kampf, der letztlich mythische und kosmische Dimensionen hat. In Ex 4,22f hatte Mose zu Pharao gesagt: »So spricht JHWH: Israel ist mein erstgeborener Sohn. Ich sage dir: Lass meinen Sohn ziehen, damit er mich verehren kann. Wenn du dich weigerst, ihn ziehen zu lassen, bringe ich deinen erstgeborenen Sohn um.« Pharao hatte sich trotz aller Bitten von Mose und Aaron und trotz aller Zeichen, die jener letzten Nacht vorangingen, geweigert, das Volk ziehen zu lassen. Mehrfach hatte er es zwar versprochen, die Zusage aber immer wieder zurückgezogen. So kommt es zur letzten Plage. Vorher wäre das Unheil noch abwendbar gewesen. Israel ist Gottes Erstgeborener und damit derjenige Erbe, der die Zukunft garantiert. Und genau weil Gott seinen Erstgeborenen durch die Chaoswasser hindurch rettet und damit die Zukunft des Volkes weitergehen kann, muss Ägyptens Erstgeborener unterliegen. Der Unheilsmacht Ägypten wird die Zukunft genommen.

Gott, der auf Israels Seite und für es kämpft, erweist sich als mächtig. Die Machttaten dieser Nacht wird Israel bis in die fernste Zukunft hinein besingen.

Ein später Strang alttestamentlicher Theologie, das Buch der Weisheit, sieht in der Rettung Noachs ebenso wie in der Führung durch das Rote Meer die göttliche Weisheit am Werk:

Die Weisheit hat die Erde, die seinetwegen
[= Kains wegen] überflutet wurde, wieder
gerettet und den Gerechten [= Noach] auf
wertlosem Holz durch die Wasser gesteuert.
(Weish 10,4)

In geraffter und häufig nur andeutungsweise aus-
gestalteter Form durchschreitet das Buch der
Weisheit die Stationen der Heilsgeschichte. Stets
rückt sie das Wirken der Weisheit in der Geschichte in den Blickpunkt. In fast holzschnitt-
artiger Gegenüberstellung werden auf der einen
Seite die exemplarischen Taten der Ungerechten
denen der einzelnen und exemplarischen Gerechten gegenübergestellt: Noach, Abraham, Lot,
Jakob, Josef, schließlich das heilige Volk, nämlich
Israel.

Sie [= die Weisheit] hat ein heiliges Volk, ein
untadeliges Geschlecht, aus der Gewalt einer
Nation gerettet, die es unterdrückte. ... Sie
führte sie durch das Rote Meer und geleitete
sie durch gewaltige Wasser. (Weish 10,15.18)

Mit dem Exodus und dem Rettungswunder am
Roten Meer ist ein grandioser Auftakt gesetzt,
doch folgt ein langer und entbehrungsreicher

Weg. Für Israel beginnt die Wüstenzeit, und es mangelt ihm vor allem und an erster Stelle an Wasser, dann an Nahrung, weshalb viele zu murren anfangen und sich zurücksehnen zur Sicherheit und zu den sprichwörtlichen Fleischtöpfen Ägyptens. Offener Streit zwischen Mose und dem Volk bricht aus. Obwohl deshalb Gottes Zorn gegen das undankbare Volk entbrennt, lässt er es nicht im Stich, sondern verhilft ihm zum lebensnotwendigen Wasser. Er befiehlt dem Mose:

> *Dort drüben auf dem Felsen am Horeb werde ich vor dir stehen. Dann schlag an den Felsen! Es wird Wasser herauskommen, und das Volk kann trinken. Das tat Mose vor den Augen der Ältesten Israels.* (Ex 17,6)

Unter dem sprechenden Namen »Probe und Streit« (Massa und Meriba) konserviert die Ortsbezeichnung diese Episode der Wüstenwanderung durch die Zeiten. Es wird nicht die einzige Szene bleiben, in der das Volk sich wegen tatsächlichem oder gefühltem Mangel auflehnt und so seine Haltung des unangefochtenen Gottvertrauens verlässt.

Der Weg mit Gott ist gefährlich. Das Ziel verdunkelt sich angesichts eines langen und gefahrvollen Wegs mit ungewissem Ausgang. Die Vergangenheit wird in der Erinnerung genau dann verklärt, wenn in der Gegenwart Schwierigkeiten auftauchen. Von der aussichtslosen und rechtlosen Lage als Zwangsarbeiter in Ägypten bleibt in der Gefährdung der Wüstenzeit in der Erinnerung nur übrig, dass es wenigstens genug zu essen gab. Und jetzt – akuter Wassermangel und damit Lebensgefahr in der Wüste. Wie einst das Volk Israel murrt und sich auflehnt, so tun dies Gruppen und einzelne Menschen bis heute und immer wieder, wenn die Gegenwart manches an Zumutung bringt. Der lange Atem ist schwer, wenn das Ziel unerreichbar weit weg scheint, wenn Gefahren und Risiken alles mit Scheitern bedrohen. Auf einmal erscheint dann die Situation, die verlassen wurde, nicht mehr so schlimm. Die Angst vor der eigenen Courage kann eine mächtige Blockade sein. Nahezu ungläubig schaut man auf sich selbst und fragt sich: Wie konnte ich nur? Wie konnte ich mitgehen, statt zu bleiben, Neues wagen, statt im Alten und damit Vertrauten zu verharren, wie konnte ich diesen Schritt tun? So schlecht war es dann ja vielleicht doch nicht. Und dann sind sie alle da: die »wäre, hätte, würde, wenn«, die Überlegungen, die selbst

in der Grammatik so entlarvend als »Irrealis«
bezeichnet werden. Nicht nur im Leben eines ein-
zelnen Menschen, sondern auch in der jeder Grup-
pierung gibt es Entscheidungen, die eine Weichen-
stellung bedeuten. Einfach »zurück« geht dann
nicht mehr. Wie ein solcher Weg weiterverläuft, ist
dennoch nicht einfach planbar. Entschieden werden
muss im Hier und Jetzt, mit den hier und jetzt
verfügbaren Gründen. Manches wird sich bestäti-
gen, manches wird sein Gewicht in der Rückschau
verändern.

Der Blick zurück soll nicht im Zorn geschehen, doch
auch nicht verklärt durch die rosarote Brille. Der
Blick zurück kann aber sogar in die totale Erstarrung
führen, wie die Geschichte von Lots Frau anschau-
lich vor Augen stellt. Bis hinein in die Verkündigung
des Jesus von Nazaret gilt die Ermahnung: »Keiner,
der die Hand an den Pflug gelegt hat und nochmals
zurückblickt, taugt für das Reich Gottes« (Lk 9,62).
Den eigenen Weg zu gehen – aber ganz im Ver-
trauen darauf, dass er von Gott geführt wird – ist
die nie endende Lebensaufgabe.

Brunnen und Wasserstellen markieren die Statio-
nen auf dem Weg der Erzeltern wie des Volkes
Israel beim Auszug aus Ägypten. Zahlreiche
Brunnen gehen den Erzählungen zufolge schon

auf Abraham zurück (Gen 26,15–25). Die Begegnung am Brunnen ist ein zentrales Motiv der Erzeltern-Erzählung, werden doch die entscheidenden Szenen der Brautwerbung an Brunnen vorbereitet. Der betagte Abraham schickt seinen Knecht in die Heimat zurück, um dort eine Braut für den Sohn und Erben Isaak zu finden. Am Brunnen trifft der Knecht, dessen Namen der Text nicht nennt, auf Rebekka, die mit den anderen Mädchen und Frauen zur üblichen Stunde zum Brunnen kommt, um Wasser zu schöpfen (Gen 24,10f). Mehrfach wird betont, dass es sich bei dem Brunnen sogar um eine Quelle handelt. Rebekka willigt gern ein, den Verwandten zu heiraten, und folgt dem Knecht in die Ferne. Eine Generation später wiederholt sich die Szene am Brunnen. Dieses Mal ist es der Bräutigam selbst, Jakob, der sich ein Mädchen – Rahel, die Hirtin – als zukünftige Frau aussieht (Gen 29).

Viele Generationen später wird auch Mose seine zukünftige Frau an einem nicht näher bezeichneten Brunnen in Midian kennenlernen (Ex 2,15ff). Brautwerbung und Brunnen – diese Motive stehen teilweise in enger Verbindung. Vielleicht bilden sie eine Hintergrundfolie auch für die Begegnung Jesu mit der samaritanischen

Frau am Brunnen, was diese Szene nur umso skandalöser macht. Dort, am »Jakobsbrunnen«, wird Christus schließlich der Samaritanerin das lebendige Wasser offenbaren und sich damit ausdrücklich in diese Traditionslinie stellen. Brunnen sind also Wegmarken des irdischen wie des geistlichen Lebens.

Während der Wüstenwanderung ist es immer wieder Mose, der durch Gott in die Lage versetzt wird, dem Volk genügend trinkbares Wasser aus Brunnen zu geben (Ex 15,22–27; 17,1–7).

Das Leben aus der Erfahrung des Exodus ist grundlegend für die jüdische Religion. Dieses fundierende Ereignis wird liturgisch nicht nur regelmäßig erinnert, sondern wachgerufen und gegenwärtig gesetzt. Am Pessachfest soll jeder gläubige Jude sich selbst so verstehen, dass er mit ausgezogen ist aus Ägypten. Er oder sie ist nicht nur Nachfahre, sondern selbst Geführter, gehört in die Exodusgruppe hinein. Und genau deshalb gehört auch das Murren, die Auflehnung gegen Gott in die eigene Geschichte hinein.

Schließlich kommen die Israeliten in das Land, in dem Milch und Honig fließen. Das Ziel aller Sehnsüchte und Entbehrungen ist erreicht, die Wüstenzeit endlich vorbei. Gebündelt findet sich die Zusammenfassung dieses langen Weges im sog. Kleinen historischen Credo aus Deuteronomium 26:

Heute bestätige ich vor dem Herrn, deinem Gott, dass ich in das Land gekommen bin, von dem ich weiß: Er hat unseren Vätern geschworen, es uns zu geben. ... Mein Vater war ein heimatloser Aramäer. Er zog nach Ägypten, lebte dort als Fremder mit wenigen Leuten und wurde dort zu einem großen, mächtigen und zahlreichen Volk. Die Ägypter behandelten uns schlecht, machten uns rechtlos und legten uns harte Fronarbeit auf. Wir schrien zum Herrn, dem Gott unserer Väter, und der Herr hörte unser Schreien und sah unsere Rechtlosigkeit, unsere Arbeitslast und unsere Bedrängnis. Der Herr führte uns mit starker Hand und hoch erhobenem Arm, unter großem Schrecken, unter Zeichen und Wundern aus Ägypten, er brachte uns an diese Stätte und gab uns dieses Land, ein Land, in dem Milch und Honig fließen. Und siehe, nun bringe ich hier die ersten Erträge von den Früchten des Landes, das du mir gegeben hast, Herr. (Dtn 26,3*.5*–10*)

Doch nach der Landnahme ist es keineswegs vorbei mit dem Abfall von Gott. Die Propheten klagen das Volk immer wieder wegen seiner Sünden an, die sich alle darin zusammenfassen lassen, dass Israel den Herrn verlassen hat.

Die Gabe des Landes war und ist mit der Verheißung verbunden, Wasser und Regen in ausreichender Menge würden für gedeihliches Wetter sorgen:

Denn das Land, in das du hineinziehst, um es in Besitz zu nehmen, ist nicht wie das Land Ägypten, aus dem ihr ausgezogen seid. Dort musstest du, wenn der Same gesät war, den Boden künstlich bewässern wie in einem Gemüsegarten. Das Land, in das ihr jetzt hinüberzieht, um es in Besitz zu nehmen, ist ein Land mit Bergen und Tälern, und es trinkt das Wasser, das als Regen vom Himmel fällt. Es ist ein Land, um das der Herr, dein Gott, sich kümmert. Stets ruhen auf ihm die Augen des Herrn, deines Gottes, vom Anfang des Jahres bis zum Ende des Jahres. Und wenn ihr auf meine Gebote hört, auf die ich euch heute verpflichte, wenn ihr also den Herrn, euren Gott, liebt und ihm mit ganzem Herzen und mit ganzer Seele dient, dann

gebe ich eurem Land seinen Regen zur rech-
ten Zeit, den Regen im Herbst und den
Regen im Frühjahr, und du kannst Korn,
Most und Öl ernten; dann gebe ich deinem
Vieh sein Gras auf dem Feld und du kannst
essen und satt werden. Aber nehmt euch in
Acht! Lasst euer Herz nicht verführen, weicht
nicht vom Weg ab, dient nicht anderen Göt-
tern und werft euch nicht vor ihnen nieder!
Sonst wird der Zorn des Herrn gegen euch
entbrennen; er wird den Himmel zuschlie-
ßen, es wird kein Regen fallen, der Acker
wird keinen Ertrag bringen und ihr werdet
unverzüglich aus dem prächtigen Land
getilgt sein, das der Herr euch geben will.
(Dtn 11,10–17)

Die Gabe des Regens ist überlebensnotwendig
und wird in der hochrhetorischen Sprache des
Deuteronomiums mit dem sichtbaren Segen Gottes gleichgesetzt. Demgegenüber wird recht
geringschätzig von der künstlichen Bewässerung
von Gärten und Feldern – wie sie für Ägypten
so charakteristisch war – gesprochen. Israel hat
sein Paradies verwirkt, dort sprudelte eine reiche
Quelle. Außerhalb des Paradieses wird es nun auf
die durch Gott garantierte Fruchtbarkeit des

Landes verwiesen, das den Regen trinkt. Allen Beschwörungen des Deuteronomiums zum Trotz – hier wird ein Element der Unberechenbarkeit und der Gefährdung genannt. Wenn Gott den Himmel verschließt, dann wird das Volk verhungern. Bedingungslos ist die Gabe des Regens keineswegs, sondern steht unter der Voraussetzung, die Gebote zu hören und sie zu befolgen. Dann, und nur dann, wird es dem Land nicht am gedeihlichen Regen fehlen, der gute und reiche Ernten mit sich bringt.

Prophetische und weisheitliche Teile des Alten Testaments

Propheten – Paradiesesströme

Der Regen ist die sichtbare Gestalt des Segens, den Gott dem Menschen und seiner ganzen Schöpfung zugedacht hat – so die Aussage des ersten Teils der Bibel, der fünf Bücher Mose. Die Propheten nehmen das Wort auf und führen es bildlich weiter: Beim Propheten Jeremia findet sich innerbiblisch zum ersten Mal die Bezeichnung »Quell des lebendigen Wassers« für Gott selbst.

> *Denn mein Volk hat doppeltes Unrecht ver-übt: Mich hat es verlassen, den Quell des lebendigen Wassers, um sich Zisternen zu graben, Zisternen mit Rissen, die das Wasser nicht halten.* (Jer 2,13)

Mit den Zisternen sind hier andere Götter gemeint, andere Lebensweisen, die sich nicht am Gott Abrahams, Isaaks und Jakobs, der sich dem

Mose als der »Ich bin, der ich bin« offenbart hat, und seiner Weisung orientieren.

Mit dieser Bezeichnung ist der Bogen zum Neuen Testament geschlagen, in dem – ganz und gar vergleichbar – die Spitzenaussage vom »Wasser des Lebens« formuliert wird, das Christus schenkt. Während JHWH, der Gott Israels, eine Quelle mit lebenspendendem Wasser ist, sind die anderen Götter nur rissige Zisternen.

Der Prophet Ezechiel verknüpft die Tempelthematik mit dem lebenspendenden Wasser. In der Vision von der endzeitlichen Heilszeit darf er unter der Schwelle des Tempels eine Quelle hervorsprudeln sehen (Ez 47). Ihre Wasser bilden einen Fluss nach Osten in die Wüste Juda, an seinen Ufern wachsen wunderbare Bäume, die jeden Monat aufs Neue wohlschmeckende Früchte tragen und deren nie welkende Blätter als Arzneimittel dienen. Der Fluss mündet ins Tote Meer und erfüllt es mit Leben. Der Tempel, von dem man seit jeher glaubte, dass von ihm alle Fruchtbarkeit ausgeht, erscheint hier im wahrsten Sinne des Wortes als Quelle aller Fruchtbarkeit und allen Lebens. Die Ausführlichkeit, in der Ezechiels Vision die Tempelquelle beschreibt, ist einmalig in der ganzen Bibel, der Sache nach findet sich das Thema aber auch bei Joël (4,18) und bei Sacharja (13–14). Die Offenbarung des Johannes wird zum Abschluss des Neuen Testaments das Bild aufnehmen (Offb 22,1f).

In der Prophetie wird endlich die bis hierher uneingelöste Vorankündigung der Erzählung vom Garten Eden aufgegriffen: Dort wurde der Strom erwähnt, der im Garten entspringt. Im Lauf der Lektüre war er etwas aus dem Blick geraten. Bei den Propheten endlich finden wir ihn wieder. Das Schicksal des Volkes Israel durch die Zeiten und vor allem durch alle Katastrophen hindurch ist ein zentrales Thema, das in mehreren prophetischen Büchern ausbuchstabiert wird. Die Sprache ist dabei häufig sehr bildreich oder gar durch Bilder verschlüsselt. Gerade die apokalyptisch geprägten Schriften, die das Ende der Zeit in den Mittelpunkt stellen, prägen die Hoffnung einer endgültigen und dann unzerstörbaren Wiederherstellung Israels und Judas »an jenem Tag«. Beim Propheten Sacharja, einer späten prophetischen Schrift, treffen wir wieder das Bild des lebendigen Wassers an.

*An jenem Tag wird aus Jerusalem lebendiges
Wasser fließen, eine Hälfte zum Meer im
Osten und eine Hälfte zum Meer im Westen;
im Sommer und im Winter wird es fließen.*
(Sach 14,8)

In dieser Ausmalung zukünftiger Geschehnisse
wird das Wasser zugleich mit dem Aspekt der
Reinigung von Sünde verbunden. Nur wenige
Verse vorher heißt es nämlich:

*An jenem Tag wird für das Haus David und
für die Einwohner Jerusalems eine Quelle
fließen zur Reinigung von Sünde und Unreinheit.* (Sach 13,1)

Während sich in den erzählenden Büchern der
Heiligen Schrift zahlreiche Stationen und Epi-
soden, in denen Wasser eine wichtige Rolle
spielt, aneinanderreihen, kommt das Element
Wasser in den prophetischen Schriften eher
punktuell in der bildreichen apokalyptischen
Sprachwelt vor.

Die Psalmen

Der dritte Teil des Kanons, vor allem die weisheitlichen Schriften, schenken den Gläubigen in poetischer Sprache reiche Meditationen zu den unterschiedlichsten Themen.

Wasser – Sehnsuchtsbild für alles Reine, Klare, Erfrischende.

Wasser – lebenspendend und lebenserhaltend, im Übermaß jedoch bedrohend.

Nicht wenige Texte heben die unterschiedlichen Aspekte des Wassers hervor. Das Bild vom »Ruheplatz am Wasser«, das Psalm 23 entnommen ist, dürfte darunter eines der prominentesten sein.

Aber schon der Beginn des Buches, der erste Psalm, nimmt das Thema auf. Wie durch ein Eingangstor betritt der Beter mit seinen Worten den Psalter. Stark ist der Empfang: »Selig der gerechte Mensch«. Mehr an Verheißung gibt es nicht.

Psalm 1 – Gepflanzt an Wasserbächen
¹Wohl dem Mann, der nicht dem Rat der Frevler folgt, / nicht auf dem Weg der Sünder geht, nicht im Kreis der Spötter sitzt,
²sondern Freude hat an der Weisung des Herrn, über seine Weisung nachsinnt bei Tag und bei Nacht.

³Er ist wie ein Baum, der an Wasserbächen gepflanzt ist, der zur rechten Zeit seine Frucht bringt und dessen Blätter nicht welken. Alles, was er tut, wird ihm gut gelingen.
⁴Nicht so die Frevler: Sie sind wie Spreu, die der Wind verweht.
⁵Darum werden die Frevler im Gericht nicht besteh'n noch die Sünder in der Gemeinde der Gerechten.
⁶Denn der Herr kennt den Weg der Gerechten, der Weg der Frevler aber führt in den Abgrund.

Wer Freude hat an der Weisung des Herrn, dessen Tun wird gelingen. Was das Thema des Wassers betrifft, so ist der Psalm unter einer besonderen Hinsicht aufschlussreich. An Psalm 1 und seiner Parallele in Jeremia 17,8 wird nämlich deutlich, dass es so etwas wie künstliche Bäche (Kanalisation) gab. Der Gerechte wird einem grünenden Baum verglichen:

Er ist wie ein Baum, der an Wasserbächen gepflanzt ist, der zur rechten Zeit seine Frucht bringt und dessen Blätter nicht welken. Alles, was er tut, wird ihm gut gelingen. (Psalm 1,3)

Künstliche Wasserläufe werden in der Schrift nur an einer Handvoll von Stellen erwähnt; diese konzentrieren sich auf den weisheitlichen Bereich. Neben der reinen Beschreibung von Wasserwegen, die durch Menschenhand beeinflusst sind, wird das Bild auch metaphorisch verwendet:

Wie Wasserbäche ist das Herz des Königs in der Hand des HERRN, er kann es lenken, wohin er will. (Spr 21,1)

Psalm 23 – Ruheplatz am Wasser
[1][Ein Psalm Davids.] Der Herr ist mein Hirte, nichts wird mir fehlen.
[2]Er lässt mich lagern auf grünen Auen und führt mich zum Ruheplatz am Wasser.
[3]Er stillt mein Verlangen; er leitet mich auf rechten Pfaden, treu seinem Namen.
[4]Muss ich auch wandern in finsterer Schlucht, ich fürchte kein Unheil; denn du bist bei mir, dein Stock und dein Stab geben mir Zuversicht.
[5]Du deckst mir den Tisch vor den Augen meiner Feinde. Du salbst mein Haupt mit Öl, du füllst mir reichlich den Becher.
[6]Lauter Güte und Huld werden mir folgen

Wasser in der Heiligen Schrift

mein Leben lang, und im Haus des Herrn
darf ich wohnen für lange Zeit.

Wenn der Psalmist im bekannten und beliebten
Psalm 23 betet: »Er lässt mich lagern auf grünen
Auen und führt mich zum Ruheplatz am Wasser«, so ist damit ein idyllisches Bild herauf-
beschworen, das in der Wirklichkeit Israels
nicht einfach so und überall existierte und das
deshalb ein utopisches Moment beinhaltet.
Nicht umsonst werden Feinde genannt, vor
deren Augen der Tisch gedeckt wird – ein
menschliches Element, das sich der Idylle ent-
gegenstellt. Auf riskantem Weg, an dem Gefährdungen lauern, erfährt der Beter Schutz und
Sicherheit. Gebündelt wird das im Bild des
Ruheplatzes am Wasser. Wer derart lagern darf,
dem fehlt es an nichts. Ausreichend Wasser, um
den Durst zu stillen, ausreichend aber auch, um
Hände, Füße und Gesicht zu erfrischen und zu
reinigen. Eine derartige Rast erquickt den Menschen.

Durst – eine der elementarsten Erfahrungen
des Menschen überhaupt.

Durst – ein Mangel, der lebensbedrohlich
werden kann.

Durst – kaum lange auszuhalten.

Anders als beim Hunger kennt die deutsche Sprache kein Wort für den Zustand der Sättigung mit Flüssigkeit. Genug gegessen: satt. Genug getrunken: dafür fehlt ein Wort.

Der Durst und das Verlangen nach Wasser werden als Bildworte schon sehr bald auf das Verlangen des Menschen nach Gott übertragen. So betet der Psalmist des 42. Psalms: »Wie der Hirsch lechzt nach frischem Wasser, so lechzt meine Seele, Gott, nach dir.«

Psalm 42 – Durst nach dem lebendigen Gott
[1][Für den Chormeister. Ein Weisheitslied der Korachiter.]
[2]Wie der Hirsch lechzt nach frischem Wasser, so lechzt meine Seele, Gott, nach dir.
[3]Meine Seele dürstet nach Gott, nach dem lebendigen Gott. Wann darf ich kommen und Gottes Antlitz schauen?
[4]Tränen waren mein Brot bei Tag und bei Nacht; denn man sagt zu mir den ganzen Tag: »Wo ist nun dein Gott?«
[5]Das Herz geht mir über, wenn ich daran denke: / wie ich zum Haus Gottes zog in festlicher Schar, mit Jubel und Dank in feiernder Menge.
[6]Meine Seele, warum bist du betrübt und bist so unruhig in mir? Harre auf Gott; denn ich

werde ihm noch danken, meinem Gott und Retter, auf den ich schaue.

⁷Betrübt ist meine Seele in mir, darum denke ich an dich im Jordanland, am Hermon, am Mizar-Berg.

⁸Flut ruft der Flut zu beim Tosen deiner Wasser, all deine Wellen und Wogen gehen über mich hin.

⁹Bei Tag schenke der Herr seine Huld; ich singe ihm nachts und flehe zum Gott meines Lebens.

¹⁰Ich sage zu Gott, meinem Fels: »Warum hast du mich vergessen? Warum muß ich trauernd umhergehen, von meinem Feind bedrängt?«

¹¹Wie ein Stechen in meinen Gliedern ist für mich der Hohn der Bedränger; denn sie rufen mir ständig zu: »Wo ist nun dein Gott?«

¹²Meine Seele, warum bist du betrübt und bist so unruhig in mir? Harre auf Gott; denn ich werde ihm noch danken, meinem Gott und Retter, auf den ich schaue.

Sowohl die Wüste als Ort des Wassermangels als auch die Chaosfluten als Ort von Wasser im Übermaß stellen lebensbedrohliche Bereiche dar. Diesen beiden Metaphern aus der Sphäre des Todes wird die Gottesnähe gegenübergestellt.

Vielleicht bricht sich auch die Erfahrung einer gewissen Unberechenbarkeit von Gebetserhörung hier Bahn: Gebetet wurde um Wasser, gekommen ist das Übermaß. Mangel wie Übermaß, beidem kann der Mensch nicht standhalten. Nicht immer werden Bitten so erfüllt, wie der Beter das erhofft hatte. Statt sich an einer sprudelnden Quelle laben zu dürfen – eventuell ist die Tempelquelle selbst im Blick –, schlagen Fluten über dem Beter zusammen.

Eine noch weitergehende metaphorische Übertragung geschieht in Psalm 36, der Gott als die Quelle des Lebens bezeichnet. So, wie sonst Wasser aus einer Quelle strömt – das ist die eigentliche Bedeutung, der Ausgangspunkt der Bildübertragung –, so strömt das Leben aus Gott.

Gott, wie köstlich ist deine Huld! Die Menschen bergen sich im Schatten deiner Flügel, sie laben sich am Reichtum deines Hauses; du tränkst sie mit dem Strom deiner Wonnen. Denn bei dir ist die Quelle des Lebens, in deinem Licht schauen wir das Licht.
(Ps 36,8ff)

Quellwasser wird im Alten Testament zum Symbol des Lebens, das Gott gibt, insbesondere in

Wasser in der Heiligen Schrift

der messianischen Zeit. Zwei schöne Beispiele dafür finden sich beim Propheten Jesaja:

Ihr werdet Wasser schöpfen voll Freude aus den Quellen des Heils. (Jes 12,3)
Auf, ihr Durstigen, kommt alle zum Wasser!« (Jes 55,1)

Hier in Psalm 36 laufen Bilder aus der Tempeltheologie mit denen aus der Schöpfungsgeschichte zusammen. Gott ist lebendigmachende Quelle, gleicht damit dem Paradiesstrom und lädt die Schöpfung ein zum Mahl.

Der Nachhall weiterer prophetischer Themen durchzieht den Psalter. So greift Psalm 46 hymnisch die Beschreibung der Tempelquelle auf, wie sie der Prophet Ezechiel als in Visionen geschaut verkündet:

Die Wasser eines Stroms erquicken die Gottesstadt, des Höchsten heilige Wohnung. (Ps 46,5)

Psalm 46 – Gott, unsere Burg
[1][Für den Chormeister. Von den Korachitern. Nach der Weise »Mädchen«. Ein Lied.]

²Gott ist uns Zuflucht und Stärke, ein bewährter Helfer in allen Nöten.

³Darum fürchten wir uns nicht, wenn die Erde auch wankt, wenn Berge stürzen in die Tiefe des Meeres,

⁴wenn seine Wasserwogen tosen und schäumen und vor seinem Ungestüm die Berge erzittern. Der Herr der Heerscharen ist mit uns, der Gott Jakobs ist unsre Burg. [Sela]

⁵Die Wasser eines Stromes erquicken die Gottesstadt, des Höchsten heilige Wohnung.

⁶Gott ist in ihrer Mitte, darum wird sie niemals wanken; Gott hilft ihr, wenn der Morgen anbricht.

⁷Völker toben, Reiche wanken, es dröhnt sein Donner, da zerschmilzt die Erde.

⁸Der Herr der Heerscharen ist mit uns, der Gott Jakobs ist unsre Burg. [Sela]

⁹Kommt und schaut die Taten des Herrn, der Furchtbares vollbringt auf der Erde.

¹⁰Er setzt den Kriegen ein Ende bis an die Grenzen der Erde; er zerbricht die Bogen, zerschlägt die Lanzen, im Feuer verbrennt er die Schilde.

¹¹»Lasst ab und erkennt, dass ich Gott bin, erhaben über die Völker, erhaben auf Erden.«

Wasser in der Heiligen Schrift

*¹²Der Herr der Heerscharen ist mit uns, der
Gott Jakobs ist unsre Burg. [Sela]*

Die Erquickung durch die Tempelquelle steht in
einem Kontext von höchster Bedrohung und
Gefahr. Kosmische Erschütterungen ängstigen
die Gläubigen, Berge drohen in die Tiefen des
Meeres zu stürzen, Wasserwogen lassen alles
erzittern. Schutz bietet inmitten dieses Chaos-
Szenarios Gott als Zufluchtsstätte in allen
Nöten. Nicht nur die Wohnstatt, der Gott
Jakobs selbst ist den Gläubigen Zuflucht und
Burg.

Breiten Raum nimmt – nicht nur im Psalter,
sondern in der Schrift insgesamt – das Thema
von Schuld und Sündenvergebung ein. Ein durch
die kirchliche Tradition besonders bekannter Bei-
spieltext ist der Miserere-Psalm.

Psalm 51 – Sündenvergebung und Reinigung
*¹[Für den Chormeister. Ein Psalm Davids,
²als der Prophet Natan zu ihm kam, nachdem
sich David mit Batseba vergangen hatte.]
³Gott, sei mir gnädig nach deiner Huld, tilge
meine Frevel nach deinem reichen Erbarmen!
⁴Wasch meine Schuld von mir ab, und mach
mich rein von meiner Sünde!*

⁵Denn ich erkenne meine bösen Taten, meine Sünde steht mir immer vor Augen.

⁶Gegen dich allein habe ich gesündigt, ich habe getan, was dir missfällt. So behältst du recht mit deinem Urteil, rein stehst du da als Richter.

⁷Denn ich bin in Schuld geboren; in Sünde hat mich meine Mutter empfangen.

⁸Lauterer Sinn im Verborgenen gefällt dir, im Geheimen lehrst du mich Weisheit.

⁹Entsündige mich mit Ysop, dann werde ich rein; wasche mich, dann werde ich weißer als Schnee.

¹⁰Sättige mich mit Entzücken und Freude! Jubeln sollen die Glieder, die du zerschlagen hast.

¹¹Verbirg dein Gesicht vor meinen Sünden, tilge all meine Frevel!

¹²Erschaffe mir, Gott, ein reines Herz, und gib mir einen neuen, beständigen Geist!

¹³Verwirf mich nicht von deinem Angesicht, und nimm deinen heiligen Geist nicht von mir!

¹⁴Mach mich wieder froh mit deinem Heil; mit einem willigen Geist rüste mich aus!

¹⁵Dann lehre ich Abtrünnige deine Wege, und die Sünder kehren um zu dir.

¹⁶Befrei mich von Blutschuld, Herr, du Gott meines Heiles, dann wird meine Zunge jubeln über deine Gerechtigkeit.

¹⁷Herr, öffne mir die Lippen, und mein Mund wird deinen Ruhm verkünden.

¹⁸Schlachtopfer willst du nicht, ich würde sie dir geben; an Brandopfern hast du kein Gefallen.

¹⁹Das Opfer, das Gott gefällt, ist ein zerknirschter Geist; ein zerbrochenes und zerschlagenes Herz wirst du, Gott, nicht verschmähen.

²⁰In deiner Huld tu Gutes an Zion; bau die Mauern Jerusalems wieder auf!

²¹Dann hast du Freude an rechten Opfern, / an Brandopfern und Ganzopfern, dann opfert man Stiere auf deinem Altar.

Von Geburt an ist der Mensch dem Machtbereich der Sünde ausgeliefert. In diesem Wissen vertraut er sich der rettenden Gerechtigkeit des barmherzigen Gottes an, die ihn aus dem tödlichen Bereich der Sündenverfallenheit herausführen kann. Alles mündet in die Bitte: »Wasche mich, dann werde ich weißer als Schnee!« Ysop, eine Form von wildem Oregano, wird als Büschel in Wasser eingetaucht und der Beter so besprengt. Wenn er nun wieder »weiß wird«, so legt er – symbolisch – das »Schwarz« als die Farbe der Totentrauer ab und darf von Neuem an der kultischen Gemeinschaft teilhaben. Entsündigen und waschen, das sind die beiden Dimensionen, die hier untrennbar miteinander verbunden sind, was zeigt: Es geht um Reinheit in einem ganzheitlichen Sinn, die des Körpers und der Seele.

Vers 4 des Psalms (»Wasch meine Schuld von mir ab, und mach mich rein von meiner Sünde!«) wird bei der Handwaschung des Priesters in der Heiligen Messe bis heute (leise) gesprochen. Die wenigen Tropfen, mit denen die Finger benetzt werden, zeigen deutlich, dass es sich um einen symbolischen Ritus handelt: Es geht nicht um eventuell schmutzige Hände, sondern um die Haltung desjenigen, der der Eucharistie vorsteht. In der Grundordnung des Römischen Messbuchs wird die Händewaschung als Ausdruck des Verlangens nach innerer Reinigung bezeichnet. In der jüdischen Liturgie wird Psalm 51 am Versöhnungstag Jom Kippur, und damit am höchsten Feiertag des Jahres überhaupt verwendet. Dort wie später in der christlichen Liturgie steht die inständige Bitte um Sündenvergebung und die in Vers 12 zum

Wasser in der Heiligen Schrift

Ausdruck kommende Bitte um einen neuen beständigen Geist im Mittelpunkt.

Mensch und Schöpfung, die kleine und die große Welt, sind auf den Segen des Schöpfers und seine Erhaltung angewiesen. Staunen und Dankbarkeit verbinden sich miteinander angesichts der Schöpfung, die das Chaos zurückgedrängt hat und in ihrer wohlgeordneten Gestalt und Abfolge den Menschen ernährt. Der Regen, der das Land tränkt und fruchtbar macht, wird als sichtbare Gestalt von Gottes Segen verstanden. Er selbst ist es, der das Jahr krönt – diese wunderbare Aussage des Psalms 65 hat ihn Aufnahme finden lassen in die Liturgie zu Jahresschluss und Neujahr.

Psalm 65 – Lobpreis des Schöpfergottes
[1][Für den Chormeister. Ein Psalm Davids. Ein Lied.]
[2]Dir gebührt Lobgesang, Gott, auf dem Zion, dir erfüllt man Gelübde.
[3]Du erhörst die Gebete. Alle Menschen kommen zu dir
[4]unter der Last ihrer Sünden. Unsere Schuld ist zu groß für uns, du wirst sie vergeben.
[5]Wohl denen, die du erwählst und in deine Nähe holst, die in den Vorhöfen deines Hei-

ligtums wohnen. Wir wollen uns am Gut deines Hauses sättigen, am Gut deines Tempels.

6Du vollbringst erstaunliche Taten, erhörst uns in Treue, du Gott unsres Heiles, du Zuversicht aller Enden der Erde und der fernsten Gestade.

7Du gründest die Berge in deiner Kraft, du gürtest dich mit Stärke.

8Du stillst das Brausen der Meere, das Brausen ihrer Wogen, das Tosen der Völker.

9Alle, die an den Enden der Erde wohnen, / erschauern vor deinen Zeichen; Ost und West erfüllst du mit Jubel.

10Du sorgst für das Land und tränkst es; du überschüttest es mit Reichtum. Der Bach Gottes ist reichlich gefüllt, du schaffst ihnen Korn; so ordnest du alles.

11Du tränkst die Furchen, ebnest die Schollen, machst sie weich durch Regen, segnest ihre Gewächse.

12Du krönst das Jahr mit deiner Güte, deinen Spuren folgt Überfluss.

13In der Steppe prangen die Auen, die Höhen umgürten sich mit Jubel.

14Die Weiden schmücken sich mit Herden, / die Täler hüllen sich in Korn. Sie jauchzen und singen.

Wasser in der Heiligen Schrift

Als regelrechte Meditation über alle denkbaren Arten von Wasser kann Psalm 104 gelten: Gott verankert die Balken seiner Wohnung im Wasser, damit sie nicht wanken mögen in Ewigkeit. Urflut und Wasser mussten einst seinem Drohen weichen, bis Berge und Täler an den ihnen zugedachten Platz kamen. Eine Grenze setzte Gott dem Wasser, die es nie wieder überschreiten soll – Reminiszenz an Fluterzählungen und die urmenschliche Angst vor Überschwemmungen. Nachdem die urwüchsigen Naturgewalten eingedämmt sind, kann das Auge sich an der Schöpfung erfreuen: Quellen sprudeln in den Tälern, alle Arten von Tieren und Pflanzen finden ausreichend Wasser in ihren Lebensbereichen. Staunen und Dankbarkeit regen sich im Betrachter angesichts dieser wohlgeordneten Schöpfung. Dennoch bleibt ihre Gefährdung nicht unerwähnt: Verbirgt Gott sein Gesicht und nimmt der Schöpfung den Atem, dann schwindet sie hin und kehrt zurück zum Staub der Erde. Gestört wird sie ebenso dadurch, dass es Sünder und Frevler auf der Erde gibt, um deren endgültiges Verschwinden ebenfalls gebetet wird, wenngleich nicht als direkte Bitte an den Schöpfer formuliert.

Psalm 104 – Loblied auf die Schöpfung

¹Lobe den Herrn, meine Seele! / Herr, mein Gott, wie groß bist du! Du bist mit Hoheit und Pracht bekleidet.

²Du hüllst dich in Licht wie in ein Kleid, du spannst den Himmel aus wie ein Zelt.

³Du verankerst die Balken deiner Wohnung im Wasser. / Du nimmst dir die Wolken zum Wagen, du fährst einher auf den Flügeln des Sturmes.

⁴Du machst dir die Winde zu Boten und lodernde Feuer zu deinen Dienern.

⁵Du hast die Erde auf Pfeiler gegründet; in alle Ewigkeit wird sie nicht wanken.

⁶Einst hat die Urflut sie bedeckt wie ein Kleid, die Wasser standen über den Bergen.

⁷Sie wichen vor deinem Drohen zurück, sie flohen vor der Stimme deines Donners.

⁸Da erhoben sich Berge und senkten sich Täler an den Ort, den du für sie bestimmt hast.

⁹Du hast den Wassern eine Grenze gesetzt, / die dürfen sie nicht überschreiten; nie wieder sollen sie die Erde bedecken.

¹⁰Du lässt die Quellen hervorsprudeln in den Tälern, sie eilen zwischen den Bergen dahin.

¹¹Allen Tieren des Feldes spenden sie Trank, die Wildesel stillen ihren Durst daraus.

[12]An den Ufern wohnen die Vögel des Himmels, aus den Zweigen erklingt ihr Gesang.

[13]Du tränkst die Berge aus deinen Kammern, aus deinen Wolken wird die Erde satt.

[14]Du lässt Gras wachsen für das Vieh, auch Pflanzen für den Menschen, die er anbaut, damit er Brot gewinnt von der Erde

[15]und Wein, der das Herz des Menschen erfreut, damit sein Gesicht von Öl erglänzt und Brot das Menschenherz stärkt.

[16]Die Bäume des Herrn trinken sich satt, die Zedern des Libanon, die er gepflanzt hat.

...

[24]Herr, wie zahlreich sind deine Werke! / Mit Weisheit hast du sie alle gemacht, die Erde ist voll von deinen Geschöpfen.

[25]Da ist das Meer, so groß und weit, darin ein Gewimmel ohne Zahl: kleine und große Tiere.

[26]Dort ziehen die Schiffe dahin, auch der Leviátan, den du geformt hast, um mit ihm zu spielen.

[27]Sie alle warten auf dich, dass du ihnen Speise gibst zur rechten Zeit.

[28]Gibst du ihnen, dann sammeln sie ein; öffnest du deine Hand, werden sie satt an Gutem.

²⁹Verbirgst du dein Gesicht, sind sie verstört; / nimmst du ihnen den Atem, so schwinden sie hin und kehren zurück zum Staub der Erde.

³⁰Sendest du deinen Geist aus, so werden sie alle erschaffen, und du erneuerst das Antlitz der Erde.

³¹Ewig währe die Herrlichkeit des Herrn; der Herr freue sich seiner Werke. ...

Wasser in der Heiligen Schrift

Zwischen Altem und Neuem Testament klafft kein Abgrund, sondern teilweise nur ein schmaler Spalt, so nahe kommen zahlreiche der theologischen Spitzenaussagen beider Teile einander. Manches ist im Alten Testament deutlich vorgezeichnet, um so im Neuen Testament wiederzukehren. Die Themen sind erklungen, sie werden in teils neuer Variation aufgenommen. Das gilt auch für die bereits angesprochenen Aspekte des Lebenselements Wasser: Lebensspender, Todesbringer, Reinigungselement, Quelle des Lebens. Das unüberbietbar Neue, das hinzukommt, ist die Verknüpfung von Reinigung, Schuldvergebung und Neuschöpfung mit der Person Jesu von Nazaret, den die neutestamentlichen Schriften zugleich als den auferstandenen Christus verkündigen.

Die Evangelien

In allen vier Evangelien ist das Thema Wasser präsent. Die Unterschiede zwischen den einzelnen Evangelien spielen im Hinblick auf die Bedeutung des Wassers keine Rolle. Dennoch durchläuft das Thema innerhalb des Neuen Testaments eine gewisse Entwicklung, die im spätesten der vier Evangelien, bei Johannes, zu ihrem Höhepunkt kommt. Von den vier Evangelisten gestaltet Johannes seine Niederschrift der Ereignisse am stärksten unter theologischen Gesichtspunkten. Symbole wie Licht und eben Wasser nehmen breiten Raum ein. Wassersymbolik und Tauf- bzw. Sakramententheologie sind hier am deutlichsten greifbar. Dem Evangelisten Johannes verdankt das Neue Testament so zentrale Erzählungen wie die der Hochzeit zu Kana, wo Jesus sein erstes Zeichen wirkt und Wasser in Wein verwandelt. Wenn auch im Prolog des Evangeliums Licht als das zentrale Element eingeführt wird, so finden sich doch mehrere Szenen, in denen das Element Wasser als Lebenspender entscheidend im Mittelpunkt steht.

Vor allem in den ersten Kapiteln des Johannesevangeliums wird das Thema Wasser variiert: So wirkt Jesus auf der Hochzeit zu Kana sein erstes Zeichen, indem er Wasser zu Wein verwandelt (Joh 2). Mit dem Wort von der »Geburt aus Wasser und Geist« ist zugleich schon früh im Evangelium und damit in der erzählten Zeit zu Beginn des Wirkens Jesu das Thema der Taufe präsent (Joh 3). Jesu Gespräch mit der Samaritanerin am Jakobsbrunnen (Joh 4) verheißt »lebendiges Wasser«. Am Teich von Betesda heilt er einen Gelähmten, ohne dass dieser in das heilkräftige Wasser hinabsteigen müsste (Joh 5). Über das Wasser des Sees von Gennesaret geht Jesus zu seinen Jüngern (Joh 6) und verheißt »Wer an mich glaubt, wird nie mehr Durst haben« (Joh 6,35*). In Joh 7 schließlich steht das Laubhüttenfest im Hintergrund, zu dessen Ablauf ein Wasserspendungsritus gehört.

Die kursorische Aufzählung unterstreicht bereits, dass Wasser für das Johannesevangelium keine Nebensächlichkeit ist. Ein paar Gedanken zu den jeweiligen Szenen mögen das etwas tiefer beleuchten.

Im Gespräch mit Nikodemus antwortet Jesus diesem, den er als »Lehrer Israels« bezeichnet, auf seine bangen Fragen:

Amen, amen, ich sage dir: Wenn jemand nicht aus Wasser und Geist geboren wird, kann er nicht in das Reich Gottes kommen. (Joh 3,5)

Nikodemus kommt des Nachts und damit im Schutz der Dunkelheit zu Jesus – er möchte nicht gesehen werden. Sich vor aller Augen und mitten am helllichten Tag zu seinen Überzeugungen zu bekennen, das ist nicht leicht. Dennoch treiben den Pharisäer, der als führender Mann unter den Juden vorgestellt wird, seine Fragen derart um, dass er nicht zur Ruhe kommt. Er muss Jesus selbst treffen, um mit ihm zu reden. Tröstlich für uns alle, dass Jesus Nikodemus keinerlei Vorwurf macht. Es ist sein Unverständnis, das Jesus beklagt, nicht die Art und Umstände des Gesprächs. Egal, wie verstohlen das Interesse am Glauben, an Jesus als dem Messias sich auch äußert, es darf auf Antwort hoffen. Dann allerdings wird auch der nächste Schritt gefordert, sich immer tiefer auf das einzulassen, was als richtig und wahr erkannt wird.

Für alle Hörer und Leser dieses Wortes steht im Hintergrund die christliche Taufe. Die Bezeichnung »Geburt aus Wasser und Geist« macht deutlich, dass das Taufgeschehen den Menschen in einer Tiefe angeht, die nur in den Kategorien von Tod und Leben, Schöpfung und Neuschöpfung beschrieben werden kann. Um nichts weniger geht es dem Evangelium.

Die Formulierung »aus Wasser und Geist« bindet zwei Elemente zusammen, die so schon mehrfach in der Bibel zusammengefügt worden waren. Zuerst im Schöpfungsbericht Genesis 1, der Gottes Geist als über dem Wasser schwebend nennt. Dann in Ezechiel 36, wo eine Neuschöpfung Israels verheißen wird, indem Gott reines Wasser aussprengt zur Reinigung von allen Verunreinigungen und seinen Geist in das Innere legt (Ez 36,24–28).

Jesus selbst hat sich der sogenannten Johannestaufe im Jordan unterzogen. Diese Johannestaufe wurde von der Urkirche als Taufe »auf den Namen Jesu« christologisch verwandelt und weitergeführt. Die Taufe Jesu gehört zu denjenigen Daten seines Lebens, die am besten bezeugt sind; alle vier Evangelien berichten davon. Markus und Lukas beschränken sich auf knappe Andeutungen (Mk 1,9ff; Lk 3,21f), Johannes deutet die Taufe Jesu im Rahmen seiner ausgereiften Christologie (Joh 1,29–34). Matthäus bietet zusätzlich zur Taufnotiz (Mt 3,13–17) das Gespräch des Täufers mit den Pharisäern und Sadduzäern über Jesus. Aus ihm wird der Sinn der Taufe Jesu am ehesten deutlich.

Ich taufe euch nur mit Wasser (zum Zeichen) der Umkehr. Der aber, der nach mir kommt, ist stärker als ich, und ich bin es nicht wert, ihm die Schuhe auszuziehen. Er wird euch mit dem Heiligen Geist und mit Feuer taufen. Schon hält er die Schaufel in der Hand; er wird die Spreu vom Weizen trennen und den Weizen in seine Scheune bringen; die Spreu aber wird er in nie erlöschendem Feuer verbrennen. Zu dieser Zeit kam Jesus von Galiläa an den Jordan zu Johannes, um sich von ihm taufen zu lassen. Johannes aber wollte es nicht zulassen und sagte zu ihm: Ich müsste von dir getauft werden, und du kommst zu mir? Jesus antwortete ihm: Lass es nur zu! Denn nur so können wir die Gerechtigkeit (die Gott fordert) ganz erfüllen. Da gab Johannes nach. Kaum war Jesus getauft und aus dem Wasser gestiegen, da öffnete sich der Himmel, und er sah den Geist Gottes wie eine Taube auf sich herabkommen. Und eine Stimme aus dem Himmel sprach: Das ist mein geliebter Sohn, an dem ich Gefallen gefunden habe. (Mt 3,11–17)

Die Taufe ist der Beginn der öffentlichen irdischen Wirkungszeit des Jesus von Nazaret, die mit dem Kreuzestod endet. Zugleich ist es seit den Kirchenvätern eine geläufige theologische Deutung, den Kreuzestod als Moment der Einsetzung von Taufe und Eucharistie zu sehen. In Joh 19,34 findet sich die entscheidende Aussage: »Einer der Soldaten stieß mit der Lanze in seine Seite, und sogleich floss Blut und Wasser heraus.«

Blut und Wasser stehen hier als Zeichen für die beiden Sakramente der Eucharistie und der Taufe. Sobald sich Christen zu Gemeinden zusammenschlossen, wurde die Taufe praktiziert. Obwohl Jesus selbst wohl nie getauft hat – ganz eindeutig ist das Zeugnis der Evangelien nicht, denn in Joh 3,22 ist die Rede davon, dass Jesus selbst bzw. seine Jünger (Joh 4,2) tauften – wissen sich die ersten Christen seinem Wort an die Jünger verpflichtet:

Da trat Jesus auf sie zu und sagte zu ihnen: Mir ist alle Macht gegeben im Himmel und auf der Erde. Darum geht zu allen Völkern, und macht alle Menschen zu meinen Jüngern; tauft sie auf den Namen des Vaters und des Sohnes und des Heiligen Geistes, und lehrt sie, alles zu befolgen, was ich euch geboten habe. Seid gewiss: Ich bin bei euch alle Tage bis zum Ende der Welt. (Mt 28,18ff)

Dieser sogenannte Taufbefehl, den der Auferstandene vor seiner Himmelfahrt den Jüngern gegeben hat, wurde für die Praxis der Kirche entscheidend. Bibelwissenschaftliche Forschung zeigt als wahrscheinlich, dass sich in diesem Wort des Herrn eine bereits am Ende des 1. Jahrhunderts geübte kirchliche Praxis reflektiert, wofür die trinitarische Fassung sowie die universalistische Perspektive des Missionsbefehls Hinweise geben. Maßgeblich für den Glauben der Christen ist jedoch stets der ganze Text der Schrift, unabhängig davon, was Worte des Herrn zu seiner Erdenzeit sind und was Auslegung des Heilsgeschehens durch die heiligen Schreiber.

Innerhalb der Entstehungsgeschichte des Neuen Testaments (wie vergleichbar auch innerhalb der heiligen Schriften Israels, also dem christlichen Alten Testament) lassen sich Entwicklungen festmachen, die das Geheimnis des Glaubens immer stärker reflektieren und theologisch deuten. In den frühesten Schriften des Neuen Testaments, also einigen Paulusbriefen und dem Markusevangelium, werden manche Dinge noch kürzer und teils auch einfacher wiedergegeben. In der Sprache des 1. Johannesbriefes und damit einer späten Schrift des Neuen Testaments liest sich das Taufgeschehen folgendermaßen:

Dieser ist es, der durch Wasser und Blut gekommen ist: Jesus Christus. Er ist nicht nur im Wasser gekommen, sondern im Wasser und im Blut. Und der Geist ist es, der Zeugnis ablegt; denn der Geist ist die Wahrheit. Drei sind es, die Zeugnis ablegen: der Geist, das Wasser und das Blut; und diese drei sind eins.
(1 Joh 5,6ff)

Ohne die Kenntnis der Evangelien und der übrigen neutestamentlichen Schriften wäre eine derartige Aussage kaum zu verstehen.

Die Ausformulierung und denkerische Durchdringung endet nicht an den Grenzen des Kanons, sondern nimmt ihren Fortgang bei den Kirchenvätern, also den Theologen der ersten Jahrhunderte. Weit werden die Fäden des reichen Gewebes, das der Kanon darstellt, ausgezogen und verwoben. Im Durchzug durchs Rote Meer sahen die Kirchenväter eine Vorankündigung der Taufe. Der 1. Petrusbrief bezeichnet die Arche Noah, durch die die Menschen vor dem andrängenden Wasser gerettet werden, als Vorbild der Taufe. Sie rettet die, die sie empfangen.

Denn auch Christus ist der Sünden wegen ein einziges Mal gestorben, er, der Gerechte, für

die Ungerechten, um euch zu Gott hinzufüh-
ren; dem Fleisch nach wurde er getötet, dem
Geist nach lebendig gemacht. So ist er auch
zu den Geistern gegangen, die im Gefängnis
waren, und hat ihnen gepredigt. Diese waren
einst ungehorsam, als Gott in den Tagen
Noachs geduldig wartete, während die Arche
gebaut wurde; in ihr wurden nur wenige,
nämlich acht Menschen, durch das Wasser
gerettet. Dem entspricht die Taufe, die jetzt
euch rettet. Sie dient nicht dazu, den Körper
von Schmutz zu reinigen, sondern sie ist eine
Bitte an Gott um ein reines Gewissen auf-
grund der Auferstehung Jesu Christi, der in
den Himmel gegangen ist; dort ist er zur
Rechten Gottes, und Engel, Gewalten und
Mächte sind ihm unterworfen. (1 Petr
3,18 – 22)

Und selbst bei den Kirchenvätern endet die Linie
der Ausformulierung und Weiterführung man-
cher in der Schrift grundgelegter Linien nicht.
Die christliche Frömmigkeit hat durch die Jahrhunderte hindurch immer wieder Gebete formuliert, die sich aus einzelnen biblischen Aspekten
speisen und erst durch diese Bezüge wirklich verstanden werden können.

Seit dem 14. Jahrhundert wird das Gebet »Anima Christi« bezeugt. Ignatius von Loyola empfiehlt es in seinem Exerzitienbuch, was zur großen Popularität des Gebets entscheidend beigetragen hat. Die vierte Gebetsbitte lautet: »Wasser der Seite Christi, wasche mich«.

Seele Christi, heilige mich,
Leib Christi, rette mich,
Blut Christi, tränke mich,
Wasser der Seite Christi, wasche mich,
Leiden Christi, stärke mich,
O guter Jesus, erhöre mich.
Birg in deinen Wunden mich,
von dir lass nimmer scheiden mich,
vor dem bösen Feind beschütze mich.
In meiner Todesstunde rufe mich,
zu dir kommen heiße mich,
mit deinen Heiligen zu loben dich
in deinem Reiche ewiglich. Amen.

Anhand der bereits angestellten Überlegungen zur »Geburt aus Wasser und Geist« und der festen Überzeugung der frühen Kirche, dass aus der Seitenwunde Jesu die beiden Sakramente Taufe und Eucharistie entspringen, erhellt sich der Hintergrund dieses Gebets. Aus den alttestamentlichen Bezügen erklärt sich auch ein bestimmter Aspekt in der Kreuzigungsszene, der zunächst unbegreiflich ist: Wenn ein Mensch sein Herz auf der linken Seite hat, wieso fließen dann Blut und Wasser aus Jesu rechter Seite? Mit diesem eher biologischen Ansatz ist die Frage aber schon verfehlt; es geht um eine zutiefst theologische Aussage. Auf die richtige Spur bringt die schon erwähnte Vision beim Propheten Ezechiel, wo der »Menschensohn« zukünftige Ereignisse in Bildern gezeigt bekommt.

> *Dann führte er mich zum Eingang des Tempels zurück, und ich sah, wie unter der Tempelschwelle Wasser hervorströmte und nach Osten floss; denn die vordere Seite des Tempels schaute nach Osten. Das Wasser floss unterhalb der rechten Seite des Tempels herab, südlich vom Altar. (Ez 47,1)*

Und genau damit haben wir die Begründung: Weil der Leib Jesu die Rolle des Tempels einnimmt, muss das Wasser aus der rechten Seite Jesu fließen. Es ist das Schema Verheißung – Erfüllung, das diesen Aspekt vorgibt.

Eine Nebenbemerkung: Die ganze Herz-Jesu-Frömmigkeit, die sich in Gebeten wie dem

»Anima Christi« niederschlägt und auf die entsprechenden Bibelstellen zurückgeht, begründet sich darin, dass aus dem Herzen Jesu das lebendige Wasser (die Taufe) und auch das Blut (die Eucharistie) fließen.

Wie sich zeigt, gelingt es kaum, bei den Szenen des Johannesevangeliums zu verweilen; die reichen Bezüge der einzelnen Szenen zu vielen anderen Bereichen der Schrift nötigen dazu, den Erzählablauf zu verlassen. Doch nun zurück zu Johannes! Nach den Worten zu Nikodemus über die Wiedergeburt aus Wasser und Geist folgt mit der Szene am Jakobsbrunnen eine tiefe Meditation über das, was Jesus selbst »lebendiges Wasser« nennt, das allen, die davon trinken, ewiges Leben verheißt.

Die Frau am Jakobsbrunnen (Joh 4)
[5]So kam er zu einem Ort in Samarien, der Sychar hieß und nahe bei dem Grundstück lag, das Jakob seinem Sohn Josef vermacht hatte. [6]Dort befand sich der Jakobsbrunnen. Jesus war müde von der Reise und setzte sich daher an den Brunnen; es war um die sechste Stunde. [7]Da kam eine samaritische Frau, um Wasser zu schöpfen. Jesus sagte zu ihr: Gib mir zu trinken! [8]Seine Jünger waren nämlich in den Ort gegangen, um etwas zum Essen zu

kaufen. ⁹Die samaritische Frau sagte zu ihm:
Wie kannst du als Jude mich, eine Samarite-
rin, um Wasser bitten? Die Juden verkehren
nämlich nicht mit den Samaritern.

¹⁰Jesus antwortete ihr: Wenn du wüsstest,
worin die Gabe Gottes besteht und wer es
ist, der zu dir sagt: Gib mir zu trinken!,
dann hättest du ihn gebeten, und er hätte dir
lebendiges Wasser gegeben. ¹¹Sie sagte zu
ihm: Herr, du hast kein Schöpfgefäß, und der
Brunnen ist tief; woher hast du also das
lebendige Wasser? ¹²Bist du etwa größer als
unser Vater Jakob, der uns den Brunnen
gegeben und selbst daraus getrunken hat,
wie seine Söhne und seine Herden? ¹³Jesus
antwortete ihr: Wer von diesem Wasser trinkt,
wird wieder Durst bekommen; ¹⁴wer aber
von dem Wasser trinkt, das ich ihm geben
werde, wird niemals mehr Durst haben; viel-
mehr wird das Wasser, das ich ihm gebe, in
ihm zur sprudelnden Quelle werden, deren
Wasser ewiges Leben schenkt. ¹⁵Da sagte die
Frau zu ihm: Herr, gib mir dieses Wasser,
damit ich keinen Durst mehr habe und nicht
mehr hierher kommen muss, um Wasser zu
schöpfen. ¹⁶Er sagte zu ihr: Geh, ruf deinen
Mann, und komm wieder her!

^{17}Die Frau antwortete: Ich habe keinen Mann. Jesus sagte zu ihr: Du hast richtig gesagt: Ich habe keinen Mann. ^{18}Denn fünf Männer hast du gehabt, und der, den du jetzt hast, ist nicht dein Mann. Damit hast du die Wahrheit gesagt. ^{19}Die Frau sagte zu ihm: Herr, ich sehe, dass du ein Prophet bist. ^{20}Unsere Väter haben auf diesem Berg Gott angebetet; ihr aber sagt, in Jerusalem sei die Stätte, wo man anbeten muss. ^{21}Jesus sprach zu ihr: Glaube mir, Frau, die Stunde kommt, zu der ihr weder auf diesem Berg noch in Jerusalem den Vater anbeten werdet. ^{22}Ihr betet an, was ihr nicht kennt, wir beten an, was wir kennen; denn das Heil kommt von den Juden. ^{23}Aber die Stunde kommt, und sie ist schon da, zu der die wahren Beter den Vater anbeten werden im Geist und in der Wahrheit; denn so will der Vater angebetet werden. ^{24}Gott ist Geist, und alle, die ihn anbeten, müssen im Geist und in der Wahrheit anbeten. ^{25}Die Frau sagte zu ihm: Ich weiß, dass der Messias kommt, das ist: der Gesalbte (Christus). Wenn er kommt, wird er uns alles verkünden. ^{26}Da sagte Jesus zu ihr: Ich bin es, ich, der mit dir spricht. ^{27}Inzwischen waren seine Jünger zurückge-

kommen. Sie wunderten sich, dass er mit einer Frau sprach, aber keiner sagte: Was willst du?, oder: Was redest du mit ihr? ²⁸Da ließ die Frau ihren Wasserkrug stehen, eilte in den Ort und sagte zu den Leuten: ²⁹Kommt her, seht, da ist ein Mann, der mir alles gesagt hat, was ich getan habe: Ist er vielleicht der Messias? ³⁰Da liefen sie hinaus aus dem Ort und gingen zu Jesus. ...

³⁹Viele Samariter aus jenem Ort kamen zum Glauben an Jesus auf das Wort der Frau hin, die bezeugt hatte: Er hat mir alles gesagt, was ich getan habe. ⁴⁰Als die Samariter zu ihm kamen, baten sie ihn, bei ihnen zu bleiben; und er blieb dort zwei Tage. ⁴¹Und noch viel mehr Leute kamen zum Glauben an ihn aufgrund seiner eigenen Worte. ⁴²Und zu der Frau sagten sie: Nicht mehr aufgrund deiner Aussage glauben wir, sondern weil wir ihn selbst gehört haben und nun wissen: Er ist wirklich der Retter der Welt.

Die Samaritanerin ist die erste Missionarin im Evangelium des Johannes, Maria Magdalena wird die letzte sein.

Die Szene ist ausführlich, länger als die meisten anderen Gespräche, die uns von Jesus überliefert sind. Charakteristisch ist der ständige Wechsel der Ebenen, der den Beteiligten wie auch den Hörern abverlangt wird. Zunächst ist da der buchstäbliche Sinn: Jesus kommt durstig zum Brunnen und hat selbst kein Schöpfgefäß dabei. Weil der Ahnvater Jakob im Brunnennamen lebendig ist, klingen im bibelkundigen Hörer die klassischen Szenen am Brunnen – insbesondere die Brautwerbungen – an. Anstößiges kommt gerade auf diesem Hintergrund hinzu: Nicht nur spricht Jesus von sich aus entgegen den damaligen Gepflogenheiten eine fremde Frau an, es handelt sich bei ihr auch noch um eine Samaritanerin, was den Tabubruch vergrößert. Angefangen allerdings hatte die ganze Erzählung mit einer kurzen Notiz über die Tauftätigkeit von Johannes bzw. Jesus oder seinen Jüngern. Wenn nun Jesus in Vers 10 das lebendige Wasser als Gabe erwähnt, so weiß der Leser der Szene mehr als die Samaritanerin – sie muss notwendigerweise zunächst auf der buchstäblichen Ebene verbleiben und den Sinn seiner Worte damit verfehlen. Der allwissende Erzähler des Johannesevangeliums gewährt – wie stets – dem Leser einen deutlichen Erkenntnisvorsprung im Vergleich zu den Personen innerhalb des Textes. Die Lebensgeschichte der Samaritanerin steht vermutlich stellvertretend für die Geschichte der Abspaltung der Samaritaner von den Juden und die gegenseitige Feindschaft. Die Erzählung in 2 Kön 17,24–41 spricht von fünf heidnischen Stämmen, die der König von Assur in den Städten Samariens anstelle der Israeliten angesiedelt habe. Diese verehren neben dem Volksgott JHWH nach wie vor ihre eigenen Götter, sind also in den Augen der JHWHgläubigen bundesbrüchig. In den erwähnten fünf Männern der Frau wird in der Bibelwissenschaft daher wohl zu Recht eine deutliche Anspielung auf diesen alten Konflikt gesehen, zumal im Wortwechsel zwischen der Samaritanerin und Jesus direkt danach die Frage nach dem legitimen Ort der Gottesverehrung – Jerusalem oder der Garizim, der heilige Berg der Samaritaner – gestellt wird. Jesu Antwort lässt keinen Zweifel: Das Heil kommt von den Juden. Aber sofort führt er die Aussage weiter und entgrenzt sie von jedem irdischen Ort: Die rechte Anbetung geschieht im Geist und in der Wahrheit, unabhängig vom Ort des Gebets. Die Samaritanerin legt an dieser Stelle ihr Bekenntnis ab; danach drängt es sie unmittelbar, das Erfahrene und Geglaubte weiterzuverkünden.

Was soll dieses Spielchen? – so mag die Frau denken
und so denke auch ich beim Lesen von der Begegnung am Jakobsbrunnen. Will er sie vorführen, will
er am Ende auch mich vorführen? Muss er sie so
bloßstellen, indem er nach ihrem Mann fragt?
Wieso deckt er ihre größte Wunde auf?
– *Deckt er auch meine Wunde auf? Was lasse ich
mir von Jesus gefallen?* –
Passt es zu meinem Bild von ihm, wenn er die
Menschen derart konfrontiert mit heiklen Punkten
in der Lebensgeschichte? Es wäre mir so viel lieber,
wenn er mir seine Gabe voraussetzungslos schenkte.
Da darf meine Vorgeschichte und all mein Zögern
gern außen vor bleiben.
Alle noch so plausiblen bibelwissenschaftlichen
Hintergrundinformationen helfen ja bei der direkten
Begegnung mit dem Text nicht weiter. Da ist ein
Gespräch, und dieses Gespräch irritiert mich. Es
verletzt die Grenzen der Höflichkeit, die samarita-
nische Frau nach ihrem Mann zu schicken, wenn
Jesus doch bereits weiß, sie wird dieser Bitte nicht
Folge leisten können. Und warum soll sie auch?
Darf sie nicht allein mit ihm sprechen? Erfährt sie
die Antwort erst in Gegenwart ihres Mannes? Ist es
doch nicht so weit her mit Jesu unbefangenem
Umgang mit Frauen jenseits der gesellschaftlichen
Gepflogenheiten der damaligen Kultur?

Eine starke Linie von starken Frauen verkündet im Johannesevangelium den Glauben an den Messias. Neben der großartigen Wahrheit über das lebendige Wasser, das Christus schenkt, sollte das Zeugnis gerade der Frauen durch alle Zeiten stärker beachtet werden.

Das Bildwort vom lebendigen Wasser findet seinen Nachklang im Glauben, zu dem die Frau und viele Samaritaner finden, in anderer Art aber auch in den folgenden Heilungserzählungen. In Joh 5 wird die Teichanlage Betesda beschrieben, die vermutlich schon zu heidnischen Zeiten als heilkräftiger Ort verehrt wurde. Dort liegen viele Kranke. Jesus kommt dorthin und sieht das Leiden. Beispielhaft wird sein Mitleid im Blick auf einen Mann, der schon 38 Jahre lang krank ist. Die Erwartung des Kranken aber wird durchbrochen, denn Jesus ist ihm keineswegs behilflich, zum rechten Zeitpunkt in das heilkräftige Wasser hineinzusteigen, vielmehr heilt er ihn durch sein Wort. Er selbst, keine Quelle, kein Brunnen und kein Teich, ist das Wasser, das zum Leben führt. Im Hintergrund der johanneischen Aussagen mag das Bildwort aus Jes 58,11* stehen, das dort Jakob-Israel zugesprochen wird: »Du gleichst einem bewässerten Garten, einer Quelle, deren Wasser niemals versiegt.«

Über Kapitel 5 hinweg werden Joh 4 und Joh 6 miteinander insofern verklammert, als es in Joh 4 um das »lebendige Wasser« als Grundsymbol für das von Jesus erschlossene Heil geht, zu dem in Joh 6 das Brot als elementare Speise hinzukommt. Nach der Brotvermehrung sind die Jünger zunächst von Jesus getrennt – warum, wird nicht deutlich – und fahren mit dem Boot auf dem See. Da kommt Jesus zu ihnen (Joh 6). Im Unterschied zu den Synoptikern berichtet Johannes vom Gang Jesu über das Wasser, um ins Boot zu seinen Jüngern zu steigen, ohne dass besondere Gefährdungen der Jünger oder Jesu in den Blick kommen. Jesus ist – in Fortführung der im Alten Testament grundgelegten Linie – der Kämpfer wider das Chaos, der das Meer besiegt, indem er es bändigt. Er hat Macht über die Elemente.

Eine vielleicht weniger beachtete Stelle aus dem Johannesevangelium nimmt in überaus verdichteter Weise die reiche Wassersymbolik auf – in der für Johannes so charakteristischen stark geprägten Sprache. Auf ganz verborgene Weise deutet Jesus selbst seinen Tod an, zugleich aber auch die Gabe des Geistes.

Am letzten Tag des Festes, dem großen Tag,
stellte sich Jesus hin und rief: Wer Durst hat,
komme zu mir, und es trinke, wer an mich
glaubt. Wie die Schrift sagt: Aus seinem Inne-
ren werden Ströme von lebendigem Wasser
fließen. Damit meinte er den Geist, den alle
empfangen sollten, die an ihn glauben; denn
der Geist war noch nicht gegeben, weil Jesus
noch nicht verherrlicht war. (Joh 7,37ff)

Das Laubhüttenfest ist das populärste unter den großen Wallfahrtsfesten Israels. Es wird in Verbindung mit dem Bundesschluss und Gottes bewahrendem Handeln während der Zeit der Wüstenwanderung gesehen, ruft also die wichtigste, weil konstitutive Zeit der Geschichte Israels wach. Ein großer Teil des Johannesevangeliums berichtet vom Laubhüttenfest. Dieses Fest wird nicht nur historisch als Erinnerung an die Wüstenzeit verstanden, sondern ebenso eschatologisiert, d. h. auf die Endzeit hin ausgelegt. Es beginnt am 15. Tischri (September oder Oktober) und markiert das Jahresende. Seinen Höhepunkt findet es im Errichten der Laubhütten, die die Zelte der Wüstenzeit repräsentieren. Sieben Tage lang bewohnen die Gläubigen diese Hütten. Täglich findet eine Prozession statt, bei denen

Wasser in der Heiligen Schrift

geschmückte Wedel *(lulab)* geschwungen werden. Bis heute kann man jüdische Pilger, die in den betreffenden Wochen das Heilige Land besuchen, mit den geschmückten Zweigen, die sie von Israel mit in alle Länder nehmen, am Flughafen sehen. Ebenfalls gehört ein Wasserspendungs-Ritus zur täglichen Feier.

Nach Ablauf der sieben Tage folgt ein weiterer Tag, der ganz besonders Gottes Schutz während der Exodus-Zeit wachruft. An diesem achten Tag bleiben die Feiernden nicht mehr in den Laubhütten, es findet weder Prozession noch Wasserritual statt. Der achte Tag ist in besonderem Maße der Gabe des Regens gewidmet, in dem die andauernde Sorge Gottes für sein Volk seinen Ausdruck findet. Das Ritual nimmt ausdrücklich Bezug auf Sacharja 14 (s. o.). Dieser biblische Text assoziiert das Laubhüttenfest mit dem Ende der Zeit. Zugleich wird deutlich, dass die Wasserzeremonie mit der messianischen Hoffnung auf einen Lehrer wie Mose verknüpft wird. Und nun steht dort mit Jesus der, über den es bei Matthäus heißt: »mehr als einen Propheten« habt ihr gesehen.

Ebenfalls täglich während der sieben Tage des Laubhüttenfestes findet eine Lichtfeier statt, bei der vier siebenarmige Leuchter *(menorot)* im

Vorhof der Frauen aufgestellt werden. Unter dem Gesang der Psalmen 120–134 wird getanzt. Die entsprechenden jüdischen Texte zitieren wiederum Sacharja 14, genauer die Verse 6ff:

An jenem Tag wird es kein Licht geben, sondern Kälte und Frost. Dann wird es einen Tag lang – er ist dem Herrn bekannt – weder Tag noch Nacht werden, sondern am Abend wird Licht sein. An jenem Tag wird aus Jerusalem lebendiges Wasser fließen, eine Hälfte zum Meer im Osten und eine Hälfte zum Meer im Westen; im Sommer und im Winter wird es fließen.

Sacharja verheißt lebendiges Wasser, das aus Jerusalem fließen wird; dieser Text bildet den unmittelbaren Hintergrund zur Aussage Jesu, dass aus seinem Inneren Ströme von lebendigem Wasser fließen werden.

Der dritte Ritus neben der Wasser- und der Lichterzeremonie war der des Tempel-Ansehens. Beim Hahnenschrei an jedem der sieben Tage zogen Priester aus dem östlichen Tor des Tempelareals und schauten weg vom Tempel. Im Moment des Sonnenaufgangs drehten sie sich nach Westen, um den Tempel anzusehen, und rezitierten: »Als unsere Väter an diesem Ort standen, richteten sie ihr Gesicht gen Osten und beteten die Sonne im Osten an [vgl. Ez 8,16], wir aber richten unsere Augen auf den Herrn.«

In dieser symbolisch hochaufgeladenen Atmosphäre, als die Luft sozusagen voll ist mit endzeitlichen und messianischen Hoffnungen, tritt Jesus auf. Die Dramatik dieses Auftritts kann kaum hoch genug eingeschätzt werden.

Der achte Tag ist ein Ruhetag, ähnlich dem Sabbat. An diesem Freudentag wird beständig das Hallel, also die Folge der Psalmen 113–118, gesungen. Die Symbole des Wassers und des Lichtes kommen in den Feierlichkeiten dieses Tages nicht mehr vor – und genau in diesem Moment kündigt Jesus an, dass er es ist, der das Wasser spendet (37f) und – das erst einen Abschnitt später – dass er das Licht der Welt ist.

Der Leser des Johannesevangeliums ist bis zu dieser Stelle mit Jesu Relecture der jüdischen Liturgie vertraut. Um seinen himmlischen Vater bekannt zu machen, überträgt Jesus wichtige Elemente der Tempel-Liturgie auf seine eigene Person. Der Leser identifiziert Jesus als die Quelle lebendigen Wassers. Alle, die glauben, werden lebenspendende Erfrischung in ihm finden; einziges Kriterium ist die Bewegung auf Jesus hin und der Glaube an ihn. Jesus spricht wie die personifizierte Weisheit, die für eine Weile auf der Erde wandelt, dann aber an ihren himmlischen Ort zurückkehrt. Jesus proklamiert seine lebenspendende Gegenwart als die Erfüllung der Schriften. Auf welche Schriften spielt er an? Auf Ez 47,1–11, wo beschrieben wird, wie immer tiefere Wasser aus dem Tempel fließen. Insbesondere ist aber auch an die schon erwähnte Sacharja-Stelle zu denken.

Für den Leser sind die Anspielungen klar: die Ströme lebendigen Wassers fließen aus Jesus selbst. Die Prophezeiung wird von der Stadt Jerusalem auf seine Person übertragen. Ganz besondere Beachtung verdient dabei die Zeitstufe – es ist Zukunft: Aus seinem Innern *werden* Ströme von lebendigem Wasser fließen (38b). Der Erzähler des Johannesevangeliums teilt dem Leser mit, dass mit der Gabe des lebendigen Wassers die zukünftige Gabe des Geistes gemeint ist. Sie ist noch nicht erfolgt, da Jesus noch nicht verherrlicht ist.

Das Ritual und die Theologie des Laubhüttenfestes ist nur ein Schatten von Gottes Gegenwart in seinem Volk. Dieser Schatten ist in Jesus Wirklichkeit geworden; er selbst verkörpert die im Fest gebrauchten Symbole.

Wasser in der Heiligen Schrift

Dichter und verwobener als im Johannesevangelium kommen Symbole im Neuen Testament nicht vor. Licht und Dunkelheit, Wasser
und Brot des Lebens – diese nehmen eine besonders zentrale Stellung ein und übersteigen die all-
tägliche Bedeutung himmelhoch. Vom Wasser,
das zum Leben in Fülle des Hochzeitsweins
gewandelt wird, bis hin zum lebendigen Wasser
der Taufe, das aus Jesu Innern strömt, reichen
die Anspielungen und Deutungen. Mehr bringt
keine der anderen neutestamentlichen Schriften
zum Ausdruck, wenngleich an vielen weiteren
Stellen das Wasser in all seinen Dimensionen
eine wichtige Rolle spielt.

So sei vom Johannesevangelium direkt der
Weg zur letzten Schrift der Bibel genommen, der
Apokalypse.

Die Offenbarung des Johannes

Dem Seher Johannes werden in teils schwierig
zu deutenden, teils sehr sprechenden Bildern
die Geschehnisse am Ende der Zeit offenbart.
Nicht zuletzt beschließt diese Schau über die
letzten Dinge die Schrift. Verfasst wurde die
Apokalypse in Zeiten größter Bedrängnis, um

den verfolgten Gläubigen Mut zu machen und ihnen die Kraft zum Durchhalten zu geben angesichts der Verheißung, dass Gott, und nur er allein, die Welt an ihr Ziel führen werde. Die endzeitlichen Visionen greifen das aus der Prophetie bekannte Thema des Tages des Herrn wieder auf. Insbesondere in den prophetischen Schriften hatten sich auch die Bilder über die Tempelquelle sowie über die Ströme endzeitlichen Wassers gefunden. Gottes Geist versetzt den Seher Johannes in die himmlische Welt, wo er Gottes Thron und seinen Thronrat, der als »die Ältesten« bezeichnet wird, sehen darf. Der Thronende hält ein versiegeltes Buch in der Hand, das zunächst von niemandem geöffnet werden kann, bis schließlich »der Löwe aus dem Stamm Juda, der Spross aus der Wurzel Davids« eingeführt wird. Kein anderer als Christus, der verheißene Messias, ist diese Figur. In der Bildwelt des Lammes, das würdig ist, das Buch des Lebens zu nehmen und das Siegel zu öffnen, kommt Wasser sehr zentral vor. In starken Bildern wird das Ende der Zeiten enthüllt. Der Seher Johannes darf durch einen der Ältesten auf seine Frage, wen er da sehe, erfahren:

Sie [= diejenigen, die aus der großen Be-
drängnis kommen] werden keinen Hunger
und keinen Durst mehr leiden ... Denn das
Lamm in der Mitte vor dem Thron wird sie
weiden und zu den Quellen führen, aus
denen das Wasser des Lebens strömt, und
Gott wird alle Tränen von ihren Augen ab-
wischen. (Offb 7,16f)

Johannesevangelium und Apokalypse des
Johannes – beide teilen das Bild von der Quelle, die Wasser des Lebens führt. Den zu römischen Besatzungszeiten in arge Bedrängnis
geratenen Gläubigen – dies wird als Entste-
hungssituation der Offenbarung des Johannes
angenommen – wird dieses Hoffnungszeichen
als Ermutigung vor Augen gestellt. Ganz am
Ende des Buches wird es noch zu einem krö-
nenden Abschluss geführt. Offb 22 greift den
Strom, das Wasser des Lebens, das vom Thron
Gottes ausgeht, wieder auf und bedient sich
dabei der Formulierungen aus dem Propheten
Ezechiel (Ez 47); die entsprechenden Aussagen
über das Wasser des Lebens rahmen das Kapitel
(Verse 1f.17).

Mit diesen Verheißungen können die Überlegungen zum Thema Wasser abgeschlossen wer-

den, damit jeder sich selbst der Einladung der Schrift anvertraut:

> *Ich bin das Alpha und das Omega, der Anfang und das Ende. Wer durstig ist, den werde ich umsonst aus der Quelle trinken lassen, aus der das Wasser des Lebens strömt. ... Und er zeigte mir einen Strom, das Wasser des Lebens, klar wie Kristall; er geht vom Thron Gottes und des Lammes aus. ... Der Geist und die Braut aber sagen: Komm! Wer hört, der rufe: Komm! Wer durstig ist, der komme. Wer will, empfange umsonst das Wasser des Lebens.* (Offb 21,6; 22,1.17)

Mit einer Gruppe von Kollegen besichtige ich einen Dom und habe mich gefangen nehmen lassen von der großen Ruhe. Nun wenden wir uns zum Gehen und streben dem Ausgang zu. Dort taucht einer der Bekannten die Hand in das Weihwasserbecken und reicht mir – noch bevor er sich selbst bekreuzigt – ein paar Tropfen weiter. Was für eine schlichte Geste! Was für eine tiefe Wahrheit, die darin zum Ausdruck kommt! Einer reiche dem anderen das Wasser des Lebens. Glauben kann man nie allein. Durch die Taufe werde ich eingetaucht in Gott.

Dort, in Gott, sind auch die Schwestern und Brüder. Die Taufe verbindet uns zur großen Gemeinschaft. Mit dem geteilten Tropfen Wasser zeichnet sich jeder das Kreuzzeichen auf den Leib. Schon Paulus wählt das Bild des Leibes, der aus vielen einzelnen Gliedern besteht, als Bild für die Kirche, für die Gemeinschaft der Glaubenden. Aber vielleicht darf man noch einen Schritt weitergehen von der Gemeinschaft der Kinder Gottes hin zur ganzen Menschheitsfamilie: Der ewige Kreislauf des Wassers – Regen versickert im Erdreich, um als Quellwasser wieder aufzusteigen, an der Erdoberfläche zu verdunsten und wiederum irgendwann zu Regen zu werden – verbindet die ganze Menschheitsfamilie. Wenn ich auch nur einen Schluck Wasser trinke, so verbinde ich mich in Gott, dem Schöpfer, mit der ganzen Welt.

Bibelstellenregister